Siamo tutti antifascisti

Chantons contre l'oppression

Étienne Augris
Julien Blottière
Jean-Christophe Diedrich
Véronique Servat

éditions du Détour

30, rue Buchou, 33800 Bordeaux
www.editionsdudetour.com
Diffusion : CDE — distribution: Sodis

Illustrations et couverture: Quentin Faucompré
Correction ortho-typographique: Valérie Tougard

ISBN: 978-2-38532-098-0
Dépôt légal: octobre 2025
N° d'impression: 2086106

Imprimé en France par CPI/Bussière

LA SÉQUENCE ÉLECTORALE DE 2024, en France, a ravivé les craintes d'un retour de l'extrême droite au pouvoir. Les mobilisations politiques et citoyennes de l'entre-deux tours des législatives se sont emparées d'un slogan né dans l'Italie fasciste des années 1920. Poings levés, mains synchronisées prêtes à se lancer dans des *clappings*, les foules scandent «*Siamo tutti antifascisti*» pour conjurer la menace annoncée, se souder et engager la lutte depuis la rue contre le RN. Nombre de celles et ceux qui remettent ce slogan au cœur des protestations replacent le danger dans un contexte politique plus vaste et tout aussi menaçant: en Europe, de l'Italie à la Pologne en passant par la Hongrie, mais aussi aux États-Unis où Trump incarne une version 2.0 du fascisme, ou en Russie, les régimes réactionnaires ou populistes au pouvoir, ou à ses portes, s'accommodent, voire mettent en œuvre des politiques dans lesquelles l'exaltation nationaliste le dispute à la stigmatisation de l'autre.

S'élever contre cette menace c'est inscrire ses pas dans ceux de prédécesseurs, les régimes oppressifs n'étant pas la spécificité de notre époque. De l'Amérique latine à l'Asie, de l'Afrique à l'Europe, les exemples abondent depuis des siècles de modes de gouvernement fondés sur l'hérédité, l'autorité, l'intolérance religieuse ou raciale, la coercition, la répression exercée par un seul ou un petit groupe soutenu par l'armée, la police ou des organisations militaires.

Les chansons ont contribué à fédérer les oppositions aux régimes personnels et autoritaires depuis l'époque de la Révolution française. Leurs compositeurs et leurs interprètes se sont élevés contre les idéologies qui sous-tendaient ces régimes : le conservatisme, le néolibéralisme, le nationalisme, le racisme et l'antisémitisme, sur la droite et l'extrême droite de nos échiquiers politiques actuels.

Sous la férule des monarques, empereurs, dictateurs et de leurs séides, le chant et la musique ont bien souvent été un moyen particulièrement propice à la contestation tant la structure des chants (alternance de couplets et d'un refrain), leur mémorisation et leur mise en partage pour une pratique chorale permettent de sortir de l'isolement, de faire bloc dans l'adversité, de conjurer les difficultés quotidiennes imposées par les oppresseurs. Chanter apporte réconfort, solidarité, résilience, donne du courage et galvanise, favorise la formation d'une communauté soudée et militante. D'une certaine manière, c'est un outil pour affronter la peur et la répression. Aussi, certains militants se voient catapultés chanteurs, presque par hasard ou malgré eux, comme le Syrien Ibrahim Qachouch ou l'Égyptien Ramy Essam, dans le contexte des révolutions arabes.

Pour ces mêmes raisons, les pouvoirs autoritaires cherchent à surveiller, contrôler, censurer ou interdire les chansons qui offrent des interstices, dans lesquels la contestation du pouvoir s'épanouit. Des artistes aussi divers que Pierre-Jean de Béranger, Chico Buarque ou Lluís Llach, excellent à s'abriter derrière les métaphores et le *double entendre* pour prendre de vitesse et dribbler les censeurs. De nos jours, les régimes autoritaires ont l'œil rivé sur les réseaux sociaux qui offrent une viralité difficilement contrôlable à certains morceaux contestataires. Ils se gardent toujours la possibilité d'éliminer celles et ceux dont les mots dénoncent leurs turpitudes. N'oublions pas que les bourreaux au service de Bachar Al-Assad et de Pinochet assassinèrent Ibrahim Qachouch et Víctor Jara. Malgré cela, demain comme aujourd'hui, espérons que d'autres poings se lèveront pour chanter contre l'oppression « *Siamo tutti antifascisti* » !

En flashant ce QR Code vous trouverez la playlist
des chansons du livre :

« *Fight the power* »

LA CONTRE-RÉVOLUTION

RETOUR VERS LE PASSÉ

FRANCE (1791)

Air : « Plus inconstant que l'onde »

La France ô ciel ! va-t-elle se dissoudre ?
Je vois armer contre elle six cents bras
Tout prêts à lancer la foudre
Pour nous réduire en éclats,
Tous nos soldats.
Oh ! Rhin,
Deviens un frein
À cette rage ;
Que ton passage
Ne soit jamais
Connu que des Français.

Air : « Du haut en bas »

Au bord du Rhin,
Condé petit-fils d'un grand-père,
Au bord du Rhin,

Vient d'examiner le terrain ;
À ses soldats halte il fait faire,
Il sent ralentir sa colère
Au bord du Rhin.

Air : « Folies d'Espagne »

Tambour-major et prêt à l'escarmouche
Marche à grand pas le cardinal-collier ;
On voit, auprès de sa timide bouche,
Ouvrir celle de son grand chancelier.

Air : « Ture, lure et flon, flon, flon »

On voit des soldats
De tous les États,
De la Chine et de l'Allemagne ;
On voit aussi des procureurs,
Des abbés, des moines, des sœurs,
Des nobles de toute couleur,
Des noirs surtout à faire peur,
Et flon, flon, flon, turelure,
Ils ont tous leur ton, leur allure

Air : « La faridondaine »

Quelques-uns sur un gros tonneau
Affublant une tête,
Ont fait Cravate Mirabeau,
Capitaine Tempête ;
On va voir par ce champion,
La faridondaine, la faridondon,

L'Ancien Régime rétabli
Biribi,
À la façon de Barbari,
Mon ami.

Air : « Sous un ormeau »

Séguier le nain,
Un réquisitoire à la main,
À tous les Français
Bientôt fera le procès.
Mais.

Air : « Au fond de mon caveau »

La ferme d'Autichamp
Propose la retraite ;
Nous n'aurons, dit-il, plus d'argent,
Calonne a la cassette ;
De l'anti-révolution
La Pucelle sur son
Trop ombrageux grison,
Quoique à califourchon
Chancelle tout de bon,
Et crie à une tête :
« Écoutez donc. »

Air : « La Pièrre – Fitoise »

Mon cher Spire vous me foutez ;
Non, ma reine, vous vous trompez.
Mon cher Spire vous me foulez,

Et vous me pesez sur le corps,
Fort.
Mais je vous le jure sur ma foi
Que ce n'est moi.
Ce n'est pas toi.
Ce n'est pas moi
Retenez donc votre cheval,
Il est un peu trop colossal ;
Retenez donc votre cheval,
Car il me fait mal cet animal,
Mal.

Air : « Quand la mer Rouge apparut »

Malgré le bon d'Autichamp
L'armée murmure ;
Soldats, allons en avant,
Tentons l'aventure ;
Les ennemis auront peur,
Car nous avons pour sapeur
Deux ca, ca, ca, ca,
Deux pu, pu, pu, pu,
Ca, ca, ca,
Pu, pu, pu,
Capucins sauvages,
Même anthropophages.

Air : second quatrain des « Folies d'Espagne »
L'abbé d'Aymar ce brillant papimane,
Marche à leur tête aussi fier qu'un César ;
Un grand feuillet des contes de Peau d'âne
Est en ses mains guise d'étendard.

Air : « Va-t-en voir s'ils viennent »

Le valet chef Villequier
Envoie de France
Un bataillon tout entier
Par la diligence.
Va-t-en voir s'ils viennent, Jean
Va-t-en voir s'ils viennent.

Air : « Ah ! Maman que je l'échappai belle »

De ce fier bataillon qui s'avance,
Français, vous riez
Et vous restez
Sans méfiance.
De ce fier bataillon qui s'avance
Français vous riez,
Fort bien ; mais en riant veillez.

Air : « Le démon malicieux et fin »

Le démon aristocrate et fin
Est toujours à nous duper enclin ;
Mais prendrait-il la forme de Toinette,
Son air charmant, sa taille et ses appas ?
Un diadème ornerait-il sa tête ?
Gardons-nous bien de voler dans ses bras.

Auteur inconnu.

Dans la France en ébullition des débuts de la Révolution, le clivage entre la droite et la gauche est en cours de formation. La position de chaque député dans l'Assemblée, d'un côté ou de l'autre par rapport au président, dans la salle du manège des Tuileries, contribue à déterminer le positionnement politique, notamment autour de la question d'un éventuel veto à accorder au roi. Si le clivage existe au sein de l'Assemblée nationale constituante qui est à l'œuvre depuis juillet 1790, entre patriotes, constitutionnalistes et monarchistes, il est encore plus clair avec ceux qui, à l'extérieur, souhaitent la contre-révolution. Puisant dans des idées réactionnaires déjà à l'œuvre avant la Révolution, la contre-révolution nourrit le projet d'un retour en arrière, d'une restauration des privilèges abolis le 4 août 1789 et du pouvoir du monarque, amoindri par celui de l'Assemblée. Elle s'oppose aussi à toutes les mesures contre la puissance et la richesse de l'Église catholique ou visant à promouvoir l'égalité entre les citoyens – nouveau terme qui a remplacé celui de sujets. Bref, ils cherchent à bâtir une machine à remonter le temps ! Parmi les soutiens de la contre-révolution, les « ci-devant » nobles et clercs sont fort nombreux, ayant perdu leur position dans une société nouvelle en construction où les cartes sont rebattues.

Ils sont l'objet des critiques des « patriotes » – terme qui désigne à l'époque les forces du changement, clairement situées à gauche ; côté qui est en passe de ne plus être considéré comme « sinistre ».

Au début de l'année 1791, alors que le roi et sa famille, transportés aux Tuileries par les « poissardes » en octobre 1789, à l'insu de leur plein gré, nourrissent des projets de fuite, l'Assemblée nationale constituante travaille toujours. Rumeurs de complots et de double jeu sont légion à Paris et alimentent les discussions. Alors que la caricature politique connaît un âge d'or sans précédent, les Français sont friands de nouvelles et aiment rire aux dépens de leurs adversaires politiques, qui sont parfois des ennemis de la Révolution.

Dès le mois de juillet 1789, une partie de ces derniers, aussi peu nombreux soient-ils dans un premier temps, commencent à fuir hors du royaume. L'un des premiers est le propre frère puîné du roi, le comte d'Artois qui, contrairement au comte de Provence, le frère cadet, refuse tout accommodement avec les partisans du changement et conseille la fermeté. Le prince de Condé est aussi de ceux-là. Au cours de la décennie, plus de 150 000 personnes vont ainsi émigrer pour des raisons politiques. D'abord parmi la haute noblesse, puis, à partir de 1790, des religieux. Le serment à la Constitution civile du clergé, imposé aux prêtres en juillet 1790, conduit une partie d'entre eux à s'opposer, dans le royaume comme à l'extérieur. Et le décret du 27 novembre 1790 exige des prêtres un serment que beaucoup refusent, en particulier dans l'ouest et le sud du Massif central (à plus de 80 %). Enfin, on trouve aussi tous les individus qui rejettent la monarchie constitutionnelle, le contrôle de la religion catholique et de nouvelles contraintes, tel le recrutement militaire. On voit ici réunies les composantes de la contre-révolution qui se dessine, une droite antirévolutionnaire (à la droite du Père!) associant la monarchie et la religion dans une défense de l'Ancien Régime, pourtant aboli et peu populaire parmi la population française.

Ceux qui choisissent d'émigrer s'installent dans les pays germaniques, mais aussi au Royaume-Uni et en Espagne. Ce sont des cibles faciles pour les caricaturistes et les chansonniers qui puisent aux mêmes sources. Ils reflètent et influençent les opinions de la population dans les provinces (redécoupées en départements en février 1790) et surtout à Paris. L'essor de la presse révolutionnaire et la plus grande liberté qui règne dans ce qui est encore le royaume de France, facilitent cette éclosion. Les chansons relaient ces opinions, à l'image de « La contre-révolution », un pot-pourri patriotique composé en mars 1791.

À l'origine de cette chanson, une gravure réalisée ce même mois par un certain Villeneuve dont le parcours a été reconstitué par Annie Duprat en 1997. Elle met en scène un cortège contre-révolutionnaire un peu baroque avec quelques figures de proue et de multiples détails. Publiée dans la presse dite patriote, cette image connaît un grand succès: elle est reprise, copiée et agrémentée de détails supplémentaires qui rendent la satire des émigrés très populaire. Elle se décline sur de nombreux supports, comme des éventails... avant de devenir un air. Les caricatures, comme la chanson, s'inscrivent dans un genre très en vogue: celui du « défilé burlesque contre-révolutionnaire » allant vers le rocher de la Constitution, selon la formule de Rolf Reichardt qui les a étudiées avec minutie.

Les paroles de la chanson sont imprimées dans *La Légende dorée,* un hebdomadaire patriotique de Jean-Marie Girey-Dupré qui ne paraît qu'en 1791. Il est un des lieux de cette rencontre entre caricature, satire et chanson. Les vers des 14 couplets y sont d'ailleurs imprimés en dessous d'une reproduction de la gravure. En 1761, Sedaine avait composé une chanson sur la tentation de saint Antoine sous la forme d'un pot-pourri en... 14 couplets avec les mêmes airs. « La contre-révolution », présentée comme une parodie de celle-ci, reprend cette structure en en changeant le thème. Images et paroles se complètent dans la description humoristique de ce cortège de contre-révolutionnaires. Les airs, connus de tous, doivent permettre de reprendre facilement les paroles et de les mémoriser.

L'image montre ces émigrés stoppés par le Rhin qui doit, d'après la chanson, devenir « un frein » à leur progression. La chanson parle de 600 bras autour de Condé, « au bord du Rhin ». C'est le premier des émigrés évoqué par la chanson. Le prince de Condé a en effet rassemblé des troupes à Worms. La chanson fait référence à une reconnaissance pour pouvoir traverser le fleuve. Cette scène est en fait représentée dans de nombreuses caricatures. Il s'agit de Louis-Joseph (1736-1818), huitième prince de Condé, comparé à son grand-père « le Grand Condé » (1621-1686). Cousin du roi, il est l'un des tout premiers nobles à fuir la France dès juillet 1789. À ses côtés, le « bon d'Autichamp », son écuyer. Et une grande place est consacrée dans la chanson à André Riquetti, vicomte de Mirabeau et frère du tribun des premiers temps de la Révolution. La chanson évoque ses surnoms, peu glorieux, insistant sur ses faiblesses (l'ivrognerie avec le tonneau) et son apparence physique. Le surnom « Cravate » vient de ce tissu porté d'abord par les régiments croates (l'origine du mot « cravate »), puis par d'autres dont celui de Mirabeau, vite qualifié de « capitaine Tempête » comme pour mieux railler ses supposées qualités militaires. Dans les caricatures de ce printemps, il est omniprésent, incarnant cette noblesse contre-révolutionnaire vivant sur le dos de la population qu'aiment à moquer les patriotes. Précisons que le biribi est un jeu importé d'Italie.

Logiquement, on trouve aussi beaucoup d'hommes d'Église dans ce cortège hétéroclite. La cible est facile tant les clercs prêtent le flanc à la critique par leurs modes de vie. Le premier d'entre eux est le cardinal de Rohan, évêque de Strasbourg surnommé « cardinal collier » pour son implication malheureuse dans l'affaire du collier de la reine en 1785-1786. Les mœurs sexuelles et la corruption du clergé font l'objet de plusieurs vers, à commencer par une autre référence à l'affaire du collier. Rohan avait alors été joué par madame de La Motte dont la chanson fait son « aide de lit de camp ». La marque sur l'épaule, typique des bagnards, peut être une référence à sa condamnation. Tout un couplet (très explicite !) est consacré à un dialogue entre une « pucelle » non identifiée et l'évêque de Spire. Quant aux Capucins, dont l'ordre a bien entendu été aboli en France en 1790, leur nom est l'objet d'allusions scatologiques. Il y a enfin l'abbé d'Aymar, ancien député de l'Assemblée qui s'est opposé à la Constitution civile du clergé. Il a fui la France en novembre 1790 pour devenir vicaire général du cardinal de Rohan. Portant l'oriflamme dans les images comme dans la chanson, il est qualifié de « papimane » : allusion à son association avec la papauté qui sert de référence à la contre-révolution.

Outre ces nobles et clercs, quelques personnages sont mentionnés pour des raisons moins poétiques et plus... politiques. Ils incarnent la réaction. Calonne est associé aux échecs de la réforme fiscale sous l'Ancien Régime. Bien qu'alors partisan de celle-ci, son nom a ensuite été lié à des malversations, raison pour laquelle l'auteur de la chanson affirme que « Calonne a la cassette ». Émigré en Angleterre, il est brièvement revenu en

France en 1789 mais participe depuis son nouvel exil, aux combats de la contre-révolution. Quant à Séguier « le nain », ancien avocat général du roi, il est connu pour son opposition au doublement des voix du tiers état au moment des États généraux en mars 1789. Pour compléter ce tableau, un couplet mentionne le duc de Villequier. Il s'agit de l'un des meneurs des « chevaliers du poignard », ce groupe de ci-devant nobles cherchant à protéger le roi aux Tuileries en février 1791 et à faciliter sa fuite. Le couplet sur Villequier mentionne qu'il tente de rejoindre les émigrés avec un bataillon – ce qu'il fera après leur libération, le 13 mars. Par dérision, le graveur Villeneuve utilise d'ailleurs le symbole du poignard un peu comme une signature.

On le voit, la chanson dresse une galerie de portraits humoristiques et satiriques reflétant la diversité des profils des émigrés et de ceux qui s'inscrivent, en France même, dans la contre-révolution. Tous les personnages évoqués ne sont alors pas présents au même endroit. La scène décrite n'est donc pas réaliste, tant s'en faut. « La contre-révolution » rassemble ici de manière négative des Français aux motivations et statuts très différents, un peu à l'image de la *Liste des aristocrates de toutes les couleurs composant le club monarchique,* publiée en 1790 et qui a bon espoir de restaurer la monarchie dans sa plénitude. Mais la couleur qui domine ici, c'est le noir, associé à ce camp politique comme le rappelle la chanson : « Des nobles de toute couleur / Des noirs surtout à faire peur ».

En 1791, ces partisans de la contre-révolution semblent bien peu nombreux et les changements sont plutôt consensuels au sein de la population. Mais l'auteur adresse un avertissement et invite à prendre garde à l'essor de ces ennemis de la Révolution. L'atmosphère qui se dégage des gravures et des chansons contribue à populariser la critique de la contre-révolution, prélude à une politique plus ferme à l'égard de ceux qui ont émigré.

Le roi lui-même tente de fuir sans succès en juin 1791, tandis que le comte de Provence parvient à rallier les Pays-Bas autrichiens. Une « cour des princes » et son armée se constituent à Coblence fin juin, avec l'arrivée de Provence et d'Artois. La ville est dans la juridiction du prince évêque de Trèves, oncle du roi. Outre Artois, Condé et Bouillé (qui a droit à un *name dropping* dans *La Marseillaise...*), elle accueille alors au moins 5 000 Français. De juin 1791 au printemps 1792, Coblence est donc la véritable capitale des émigrés.

Révolution et contre-révolution se sont affrontées en politique, par les armes et par les chants. Les partisans du processus révolutionnaire n'ont, en la matière, pas été avares en inventivité, épinglant les aristocrates (« Ah! ça ira »), louant la guillotine et son inventeur (« La guillotine permanente »), célébrant par la danse et le chant de « La Carmagnole » la chute de la monarchie ou encore l'abolition de l'esclavage. Nombre de ces chants sont aujourd'hui pleinement identifiés dans le patrimoine culturel français, et l'un d'entre eux, « La Marseillaise » (appel à combattre les ennemis de la Révolution), a même été choisi pour devenir l'hymne national français.

Eminem n'a pas été le premier sur les battles. *L'exercice connaissait déjà un franc succès par chansonnier et compositeur interposés durant la période révolutionnaire. Les opposants n'étaient pas à court d'inspiration! «La complainte de Louis XVI», «La complainte des immigrés» (les nantis ont le chant larmoyant), la «Marseillaise» contre-révolutionnaire qui évoque «Le jour de deuil pour la patrie, le jour de honte est arrivé, du peuple aveugle en sa furie, le couteau sanglant est levé», celle dite «des Blancs» ou encore «La Marseillaise des Vendéens» sont autant d'exemples qui attestent d'une évolution de cette pratique populaire. De l'oralité totale, elle se transmet désormais aussi par les écrits qui en relaient l'existence et circulent au sein de la population, dans les lieux de sociabilité politique comme un moyen d'éducation, de sensibilisation, d'éveil et de conscientisation des enjeux politiques du moment.*

En août 1791, en marge d'une rencontre à Pillnitz en Saxe, entre l'empereur Léopold II et le roi de Prusse Frédéric-Guillaume II, Artois et Calonne obtiennent une déclaration marquant leur préoccupation du sort du roi et de sa famille. Les premières mesures contre les émigrés sont prises. Le 1er août 1791, l'Assemblée décrète que «tous les Français absents du royaume sont tenus de rentrer en France dans un délai d'un mois». Sous la pression de l'Assemblée, Louis XVI est contraint de «requérir» les princes de Trèves et de Mayence, d'empêcher les émigrés de se rassembler dans leur principauté. Puis, le 9 novembre est décidé que «les Français rassemblés au-delà des frontières du royaume seront dès ce moment, déclarés suspects de conjuration contre la patrie». Le roi met néanmoins son veto à la loi du 20 avril 1792 qui vise à les appliquer. Louis XVI ne s'oppose pas en revanche à la déchéance de son «bien-aimé cousin»... Condé, qui est déclaré «rebelle».

L'entrée en guerre, en avril 1792, contribue à clarifier les camps. Les émigrés luttent contre la France et leurs biens sont dès lors confisqués. Mais la contre-révolution continue...

Pour aller plus loin

Reichardt Rolf, «L'armée de papier des émigrés ou le persiflage dans les caricatures révolutionnaires (1791)», *Annales historiques de la Révolution française*, n° 408(2), 2022, p. 7-44.

Duprat Annie, «Autour de Villeneuve, le mystérieux auteur de la gravure *La Contre-Révolution*», *Annales historiques de la Révolution française*, n° 309, 1997, p. 423-439.

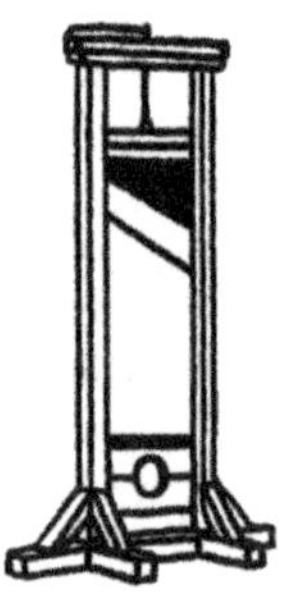

Himno de Riego

Un chant de bataille

sur courant alternatif

Espagne XIXe-XXe siècles

Serenos, alegres, valientes, osados,
Cantemos, soldados, el himno a la lid.
Y a nuestros acentos el orbe se admire
Y en nosotros mire los hijos del Cid.

Qu'un chant de délivrance
S'envole en ses accents vainqueurs,
Soldats pleins de vaillance
Qu'il vibre au fond de tous nos cœurs.
Chantons cet hymne altier, qui retentit
dans l'univers entier,
Plus tard, tous nos enfants
Le diront toujours triomphants.

[Refrain]
Quand la patrie appelle vers elle il faut courir,
Soldats, ayons des ailes, jurons de vaincre ou de mourir.

Brisons enfin la chaîne

Unis, ivres de liberté,
Buvons la coupe pleine
Promise au courage indompté,
Devant notre valeur,
Les ennemis s'enfuiront,
Pris de peur,
Courons venger l'affront,
Comme un nuage ils se fondront.

Marchons vers la tempête
D'un même impétueux élan,
Élan que rien n'arrête,
Plus terrible qu'un ouragan.
Riego, par son ardeur,
Fut de l'Espagne un noble défenseur,
Suivons le droit chemin,
Où nous aura guidés sa main.

Sa voix a été suivie, sa voix a été entendue,
Des soldats sont morts en un rien de temps
Et nous hardis voulions rompre la chaîne
Qui emplit de honte la vie de l'homme courageux.

Nous l'avons rompue, amis
Et que celui qui, méchant, la porte, ose montrer son front.
Nous, maintenant libres, devenus hommes, nous
saurons, soldats, humilier son audace.
Mais l'alarme sonne déjà ; les armes seules
pourront abattre les crimes et la tromperie.
Qu'ils tremblent, qu'ils tremblent, qu'il
tremble l'homme mauvais
À la vue de l'homme portant la lance.

Déjà, au lointain, gronde
L'écho assourdi des canons,
Mêlant leurs voix profondes
À l'appel strident des clairons.
S'il faut braver la mort
Resserrons-nous dans un suprême effort,
Devant notre étendard
Nos poitrines sont un rempart.

Ils se montrent : volons, volons soldats.
Les voyez-vous terrifiés, la tête baissée ?
Volons, que l'homme libre sache toujours
De l'esclave vendu humilier l'audace.

Honneur au chef, honneur au premier
Que l'épée civique osa abattre.
La patrie affligée entendit leurs voix
Et vit leurs tourments transformés en joie.

Paroles de Evaristo Fernández de San Miguel y Valledor (1785-1862), musique de José Melchor Gomis y Colomer (1791-1836). Version française de Pierre D'amor (1863-1931), *Fyls, hymnes et chants nationaux*, les neutres,1915 pour les couplets 1 à 3 et 7 et le refrain (traduction d'Étienne Augris pour les autres couplets).

Chanter un hymne ancien ou interdit… quoi de plus subversif !

L'histoire de l'hymne de Riego, composé en 1820, est à éclipse, reflétant les brèves vies de la République dans un pays qui ne jure que par son roi et fait résonner *La Marcha Real* depuis 1761 – quoiqu'en sourdine en Catalogne et au Pays basque… Derrière la stabilité apparente de la monarchie espagnole, le XIXe et la première moitié du XXe siècle ont vu se succéder une multitude de régimes, y compris deux éphémères républiques. Pour en rabattre à ceux qui pensent que la France a été la plus prolixe en constitutions et autres chartes, rappelons que l'Espagne, qui a elle-même connu une bonne douzaine de constitutions, statuts royaux et autres lois fondamentales, a donné à la science politique les mots de *pronunciamento, camarilla, junte* et autre *caudillo* !

L'Espagne s'est réveillée en 1808 contre Napoléon qui voulait la dominer et établir son frère Joseph (José I) sur le trône détenu par les Bourbons depuis 1715. La guérilla menée par les Espagnols a eu raison de la Grande Armée. Dès 1814, Ferdinand VII règne à nouveau. Mais, outre le retour du souverain, il s'agit bel et bien d'une tentative de retour à l'absolutisme, aussi « éclairé » soit-il. Les libéraux ont en effet mis à profit la période pour réunir une assemblée à Cadix entre 1810 et 1813. Ces Cortès ont accouché d'une des constitutions les plus libérales du temps, en 1812. Mais elle est suspendue dès mai 1814 et les libéraux arrêtés. Cette restauration suscite rapidement des mécontentements, non seulement parmi les classes moyennes urbaines qui ont soutenu la Constitution, mais aussi dans une partie de plus en plus large de la population. D'autant plus que les monarchistes sont divisés entre les partisans d'un despotisme éclairé et modernisateur, comme au XVIIIe siècle, et les contre-révolutionnaires qui veulent le retour aux traditions.

En 1819, la Couronne, déjà très endettée, tente de reprendre le contrôle de son empire colonial américain, affaibli par la rupture de ses liaisons pendant les guerres napoléoniennes. Plusieurs vice-royautés se sont détachées de Madrid qui prépare un corps expéditionnaire de 20 000 hommes rassemblés en Andalousie. Mais ils sont incapables d'embarquer, faute de bateaux !

Depuis 1814, un phénomène nouveau se développe en Espagne : la prise d'armes par des officiers, qui tentent de soulever la population. Cette volonté des militaires de se « prononcer » sur les questions politiques, devient rapidement une habitude et les *pronunciamentos* se multiplient ensuite. Mais, dans cette première moitié du siècle, alors que les officiers sont souvent issus de milieux modestes et libéraux, ils s'élèvent plutôt contre l'absolutisme. L'un de ces officiers, Rafael del Riego y Flórez, originaire des Asturies, convainc des militaires mécontents en Andalousie et prend les armes à Las Cabezas de San Juan le 1er janvier 1820. Il tente de s'emparer de Cadix avec 1 500 hommes, mais échoue et erre dans le sud, n'ayant plus que 300 hommes à sa disposition en mars. Pourtant, si la manœuvre échoue sur le plan militaire, elle trouve de l'écho dans les municipalités du pays qui, comme une décennie plus tôt, forment des *juntes*, à l'image de La Corogne le 21 février. Le régime s'effondre de lui-même face à cette contestation multiforme. Le 7 mars, Ferdinand est contraint de rétablir la Constitution. L'ancien régime est aboli, le pouvoir et les privilèges de l'Église remis en cause. Les clubs et les cafés de *tertulia* se multiplient et la liberté de la presse entraîne une floraison de publications.

Un hymne pour les libéraux

L'écriture de cet hymne reste nimbée d'un certain mystère. Pour les paroles, il est acquis qu'elles le furent par un autre officier compagnon de Riego, ensuite appelé à de hautes fonctions (secrétaire d'État) en 1822 : Evaristo Fernández de San Miguel y Valledor (1785-1862). Il est lui aussi originaire des Asturies. De sensibilité libérale, il participe à l'agitation de la fin des années 1810 en vue du rétablissement de la Constitution. Alors à Algésiras, il aurait soumis son texte à Riego, pendant que l'insurrection était en cours, en janvier-février. Ce dernier venait de refuser une chanson proposée par un autre conspirateur, Antonio Alcalá Galiano. Pour la musique, les choses sont moins certaines, même si la tradition l'attribue à José Melchor Gomis y Colomer (1791-1836), compositeur romantique qui dut s'exiler après la fin du triennat libéral, en 1823.

Riego incarne un certain patriotisme romantique typique de l'époque, au contenu idéologique peu développé. Le mouvement rassemble la génération de 1812, celle des *doceañistas* («ceux de l'année 12»), et de plus jeunes et plus radicaux. En 1820, les modérés ont pris le dessus et décidé d'écarter Riego. Par un décret royal du 7 avril 1822, le chant devient néanmoins hymne officiel. Les partisans du retour de l'absolutisme tentent un coup de force le 7 juillet 1822, conduisant à un soulèvement populaire contre ce retour vers le passé. À partir de là, les plus radicaux, parfois qualifiés d'*exaltados*, arrivent au pouvoir. Le gouvernement d'Evaristo Fernández San Miguel y Valledor (lui-même!) tente de conjurer le risque d'un retour en force des monarchistes. Mais le congrès de Vérone, rassemblant les puissances européennes, a accepté une intervention militaire française, voulue par le ministre Chateaubriand. En avril 1823, les «100 000 chevaliers de saint Louis» français envahissent l'Espagne et rétablissent le pouvoir absolu de Ferdinand VII. C'est la deuxième restauration, encore plus sévère que la première. Riego est exécuté à Madrid dès novembre. Il devient dès lors martyr de la cause libérale, tout comme Mariana Pineda. Cette dernière est arrêtée après qu'un drapeau portant les mots «Liberté, égalité, loi» ait été saisi chez elle. En 1831, elle sera exécutée par garrotage devant son drapeau brûlé.

Les mille et unes courtes vies d'un hymne

Hymne à la liberté et à la patrie, «L'hymne de Riego» est somme toute, conforme à la Constitution de 1812. Ce n'est donc pas un chant extrêmement subversif par son contenu, très classique dans l'affirmation d'un patriotisme sacrificiel, s'inscrivant dans les pas du Cid. Il l'est par son existence même et l'absence de mention à la monarchie.

Les affrontements politiques du XIXe siècle conduisent à une grande instabilité. Les historiens n'hésitent plus à parler d'un siècle de guerres civiles. Les oppositions entre absolutistes, carlistes (partisans à la fois de la contre-révolution et d'une lignée masculine sur le trône), libéraux, progressistes, démocrates, républicains ou autonomistes, ont conduit à des combats parfois rudes. Au cours du XIXe siècle, les idées républicaines progressent un peu par défaut. Les libéraux les plus prêts au changement s'associent progressivement aux démocrates sans que ceux-ci ne soient tous favorables au renversement de la monarchie. La révolution de 1868, la « *Gloriosa* », ouvre, avec le renversement d'Isabelle II, un « sexennat démocratique » marqué par de nombreux débats qui empêchent tout régime de s'installer dans la durée. Il en est ainsi de l'éphémère Ire République espagnole de 1873-1874. Elle marque le retour non officiel de l'« *Himno de Riego* ». Mais l'expérience démocratique est de courte durée et l'hymne redevient une chanson *underground*.

Oups !

L'« Himno de Riego *» a fait quelques apparitions imprévues... Il a ainsi été joué par erreur en 2003, lors de la coupe Davis de tennis en Australie, ou en 1967 lors d'un* *match de foot qualificatif pour l'Euro à Prague. Dans ce dernier cas, le pays hôte étant communiste, on peut raisonnablement penser que l'erreur n'était pas tout à fait involontaire... Autre occasion, racontée par Che Guevara dans ses carnets, la consécration des cloches de la cathédrale de Cuzco, au Pérou, en 1952. Le carillonneur aurait joué l'«* Himno de Riego *» au lieu de* La Marcha Real, *en présence d'officiels espagnols. Cette* Marcha Real *a elle-même été diffusée par les organisateurs du Tour d'Italie en 2011, dans la version avec paroles, qui n'est plus utilisée depuis la fin du franquisme.*

L'utilisation d'anciens hymnes ou de l'hymne d'un autre pays lors de cérémonies officielles ou de compétitions sportives n'est pas chose rare. Parmi des dizaines d'exemples, retenons ce jour de 2007 où, pour l'inauguration d'un stade de cricket construit par la République populaire de Chine sur l'île de Grenade, c'est l'hymne de la République de Chine (Taïwan) qui a été joué... Gênant pour un État qui venait de rompre ses relations avec Taïwan pour reconnaître Pékin !

Lorsque la République est de nouveau proclamée en 1931, les débats sur l'hymne à adopter reflètent les divisions des Espagnols. Les plus conservateurs manifestent leur attachement à *La Marcha Real.* Les plus à gauche réclament « L'Internationale ». D'autres se tournent vers le poète Manuel Machado qui compose un *« Canto rural a la República Española »*; un hymne à la liberté mis en musique par Óscar Esplá. Mais, pour celui-ci comme pour l'*« Himno de Riego »*, il n'y a pas d'enthousiasme. On reprend finalement la chanson de 1820 dans une version raccourcie.

La fadeur de ses paroles a conduit, comme pour beaucoup d'autres hymnes, à des parodies ou à des versions bien plus engagées. La férocité des combats des années 1930 et l'intensité idéologique des affrontements, nécessitaient des paroles plus subversives. Une version satirique, avec un couplet en catalan, a connu une grande popularité pendant la guerre civile. Elle met des idées et des (gros) mots là où les premières versions mettaient des sentiments. Le clergé et la monarchie n'en sortent pas indemnes...

> *« Si les prêtres et les moines savaient comment ils allaient se faire battre, ils formeraient un chœur et chanteraient "Liberté, Liberté, Liberté !".*
>
> *Si les rois d'Espagne savaient combien peu de temps ils allaient durer, ils sortiraient dans la rue et crieraient "Liberté, Liberté, Liberté !".*
>
> *La reine veut une couronne ? Nous lui en donnerons une... Qu'elle vienne la chercher à Barcelone et nous lui couperons la tête [en catalan]*
>
> *Un homme était en train de chier mais n'avait plus de papier. Le roi Alphonse XIII passait et il a pu se torcher avec lui. »*

La défaite des républicains force de nouveau l'hymne à la clandestinité, après un dernier baroud d'honneur à Barcelone. Les Brigades internationales défilent pour la dernière fois, versant une larme sur les « chaînes rompues » qui, de nouveau, se referment, autant que sur le sort des « damnés de la terre » puisque « L'Internationale » résonne également. Le gouvernement républicain en exil (en France, puis brièvement au Mexique) a continué à l'utiliser jusqu'au rétablissement de la démocratie... mais pas de la république, en 1977.

Pour aller plus loin

Bruno Giner et François Porcile, *Les Musiques pendant la guerre d'Espagne*, Berg International, 2015.

Jordi Canal (dir.), *Histoire de l'Espagne contemporaine : De 1808 à nos jours*, Armand Colin, 2017.

El Paso del Ebro

Y a de la rumba dans l'Èbre

Espagne, basse vallée de l'Èbre (1938)

El Ejército del Ebro
Rumba la rumba la rum bam bam!
Una noche el río pasó,
¡Ay, Carmela! ¡Ay, Carmela!

L'armée de l'Èbre
Rumba la rumba la rumba la (bis)
Une nuit traversa le fleuve
Oh, Carmela, oh Carmela (bis)

Et aux troupes d'envahisseurs
Rumba la rumba la rumba la (bis)
Elle donna une bonne raclée
Oh, Carmela, oh Carmela (bis)

La fureur des traîtres
Rumba la rumba la rumba la (bis)
Décharge son aviation

Oh, Carmela, oh Carmela (bis)

Mais les bombes ne peuvent rien
Rumba la rumba la rumba la (bis)
Là où il reste du cœur
Oh, Carmela, oh Carmela (bis)

Aux contre-attaques enragées,
Rumba la rumba la rumba la (bis)
Nous devons résister
Oh, Carmela, oh Carmela (bis)

Ainsi que nous avons combattu
Rumba la rumba la rumba la (bis)
Nous promettons de combattre
Oh, Carmela, oh Carmela (bis).

Auteur inconnu (traduction tirée de Bruno Giner et François Porcile, *Les Musiques pendant la guerre d'Espagne*, Berg International, 2015).

En avril 1931, en Espagne, la déroute du camp monarchiste aux municipales conduit à la fin de la dictature et à la proclamation de la IIe République. Pour ce régime, les défis à relever sont immenses, autant que l'espoir soulevé au sein de populations pauvres, privées jusque-là de terres par les grands propriétaires terriens, brimées par les caciques, la Garde civile et un clergé soucieux de perpétuer des relations sociales fondées sur la déférence et l'inégalité.

Pour les républicains, l'idéal de modernisation implique des réformes d'envergure comme la laïcisation ou la redistribution des terres. Cette perspective incite les tenants de l'ordre ancien à se structurer au sein de la Confédération espagnole des droites autonomes (Ceda). En face, le mouvement ouvrier se divise entre un parti et un syndicat socialiste (respectivement Psoe et UGT), des organisations anarchistes (CNT, FAI) et un Parti communiste confidentiel (PCE). En 1934, le gouvernement de droite au pouvoir réprime sauvagement la grève générale des mineurs asturiens, au nord de la péninsule. Les chefs monarchistes, les hauts gradés comme José Sanjurjo, les membres de la Phalange (une organisation structurée sur le modèle fasciste) y voient les prodromes d'une insurrection à venir. Pour eux, seule l'application d'une violence débridée aux « hordes rouges » empêchera le triomphe de la révolution tant redoutée et fantasmée. Déjà, des généraux ourdissent un complot visant à renverser la République. En face, les organisations de gauche, craignant le triomphe d'une contre-révolution, se réunissent au sein du *Frente Popular*, qui l'emporte aux législatives de février 1936.

La riposte ne tarde pas. Le coup d'État est lancé les 17 et 18 juillet 1936. La plupart des officiers, la moitié des effectifs militaires rallient les putschistes qui peuvent aussi compter sur le soutien des phalangistes et des milices carlistes, ultra-monarchistes traditionalistes. Les insurgés s'emparent de la Galice, la Vieille-Castille, une partie de l'Andalousie. Dans le camp loyaliste, le gouvernement semble dépassé par les organisations révolutionnaires structurées en comités locaux. Les premiers chocs militaires tournent au désastre pour les milices populaires improvisées, rapidement submergées par les troupes légionnaires venues du Maroc, très expérimentées depuis la guerre du Rif. À leur tête, le général Franco s'impose comme le chef des factieux.

À Grenade, les nationalistes traquent Federico García Lorca. Poète dramaturge, républicain, homosexuel, il incarne ce qu'abhorrent les conjurés qui le fusillent à la mi-août 1936. Au-delà de son ignominie, ce meurtre témoigne de la brutalité de généraux exécrant l'art libre. Au cours des années 1930, Lorca, musicien de formation, avait recueilli et harmonisé des chansons populaires que les troupes républicaines s'approprieront en en adaptant les paroles au contexte guerrier. Ainsi «*Los Cuatro Generales*» promet la pendaison aux principaux chefs nationalistes. Sur le même air, «*Puente de los Franceses*» relate la défense héroïque d'un point stratégique à l'entrée de Madrid. Sur le terrain, l'avancée des insurgés paraît irrésistible. La capitale ne tient que grâce à la résistance des milices militarisées et l'appui des Brigades internationales, des unités de volontaires étrangers encadrées par le Komintern

Répertoire brigadiste

Les 15 000 brigadistes internationaux, répartis en cinq bataillons selon des critères linguistiques, débarquent des quatre coins du monde, avec leurs propres chants de lutte. Lors de la bataille de Guadalajara, en mars 1937, les anti-mussoliniens de la brigade Garibaldi affrontent leurs compatriotes fascistes en fredonnant «Bandiera rossa» ou «Brigata Garibaldi, avanti!». *Au sein du bataillon Thälmann composé de germanophones antinazis, les soldats reprennent l'hommage au dirigeant communiste éponyme du poète Rafael Alberti («*Canción a Thälmann*»), ainsi que le «*Solidaritätslied*» de Bertolt Brecht et Hanns Eisler. Ce compositeur allemand, communiste, exilé depuis 1933, s'est rendu en Espagne pour y composer des titres à destination des brigadistes, dont «*No pasarán!*» *, inspiré du slogan lancé par Dolores Ibárruri Gómez pour barrer la route aux fascistes. Le «*Börgermoorlied*» («Le chant des marais» symbole de la résistance antinazie, résonne dans les rangs du bataillon, au sein duquel combat un de ses principaux interprètes, Ernst Busch. «*Jarama Valley*», le chant de combat des anglophones du bataillon Lincoln, célèbre leur résistance acharnée face aux assauts franquistes dans le massif du même nom, en février 1937. Les francophones de la 15e brigade se stimulent avec «La Marseillaise», «Ça ira» ou «L'Internationale». Dans la Babel linguistique du champ de bataille, cette dernière constitue le chant commun à tous les brigadistes.*

Le coup d'État se solde par un demi-échec. Grâce à une réaction populaire massive et à la fidélité d'une partie des troupes, les insurgés échouent à s'emparer de la plupart des grandes villes. Dès lors, le conflit s'inscrit dans la durée et s'internationalise. Le soutien massif et précoce apporté au camp nationaliste par l'Allemagne nazie et l'Italie fasciste, tant en hommes qu'en matériel moderne, s'avère décisif. Les atermoiements des démocraties européennes, aveuglées par leur anticommunisme ou leur pacifisme, aboutissent à un pacte de non-intervention et à un embargo sur les armes, dont seule la République aura à pâtir. L'URSS fournit bien du matériel à Madrid, mais son aide décline au fil des mois.

Le conflit oppose deux camps à la composition sociale complexe, traversés de tensions multiples et dont les acteurs portent des projets politiques différents. Au sein des troupes loyalistes, les membres des partis républicains, la majorité des socialistes, les communistes cherchent à reconstituer une autorité gouvernementale, afin de remporter la guerre d'usure. Rien ne doit distraire de l'objectif. Dans cette optique, l'élan révolutionnaire et libertaire porté par les comités, les militants anarchistes de la CNT-FAI, du Poum (communistes antistaliniens implantés en Catalogne) ne laissent pas d'inquiéter. Dans ces rangs, la lutte contre le fascisme va de pair avec la mise à bas de la société capitaliste. Un début de concrétisation de cet idéal s'observe d'ailleurs en Catalogne ou en Aragon, avec la collectivisation de terres et la prise de contrôle ouvrier d'usines.

Par-delà leurs différences, les composantes du camp franquiste partagent une communauté d'intérêts. Nationalisme, anticommunisme, haine du libéralisme démocratique servent de liant, tandis que l'Église espagnole accorde sa bénédiction aux insurgés, présentés comme de nouveaux croisés combattant dans le cadre d'une guerre sainte.

Partout, la propagande bat son plein. Affiches, articles, reportages photographiques servent à mobiliser, convaincre de la justesse de la cause défendue et diaboliser l'adversaire. Quand les fascistes mènent la croisade contre les « Rouges », leurs adversaires cherchent à éradiquer la « peste brune ». Dans ce cadre, la chanson constitue un support idéologique populaire et facilement mobilisable. Entonnée sur le champ de bataille, entre pairs, elle éprouve la cohésion de la troupe. Au-delà de la valeur testimoniale, les paroles portent une vision de la guerre, du monde et de la société à construire. Les principaux affrontements inspirent chants de bataille et marches militaires, quand ils ne réactivent pas morceaux patrimoniaux et standards révolutionnaires. La richesse et la multiplicité du répertoire (*canconiero*) républicain témoigne de l'hétérogénéité idéologique à l'œuvre. L'«*Himno de Riego*» galvanise l'héroïque résistance madrilène, quand les troupes anarchistes entonnent «*A las barricadas*», le cri de ralliement emblématique de la CNT. À Barcelone retentit «*Els Segadors*», le vieil hymne catalan invitant les faucheurs à trancher les chaînes.

L'enlisement dans la guerre, imposant une organisation militaire centralisée, permet la reconstitution d'un État fort. Le gouvernement reprend la main aux comités locaux et son Armée populaire supplante les milices. L'influence du PCE ne cesse de grandir, grâce au soutien militaire apporté par les Soviétiques au camp républicain et à l'adoption de la nouvelle stratégie de Moscou de lutte prioritaire contre le fascisme. Repoussant la révolution aux calendes grecques, le Parti s'engage dans la seule défense du régime. Le courant réformiste du Psoe, tout comme les partis républicains de gauche, partagent cette modération politique. En mai 1937, à Barcelone, les dissensions, qui minent le camp républicain, éclatent au grand jour. Refusant de renoncer à leurs aspirations révolutionnaires au nom de la défense de la République, les militants anarchistes et du Poum sont écrasés par la police gouvernementale et les communistes. L'année suivante, Orwell leur rendra hommage dans son *Hommage à la Catalogne*.

Miné par les divisions, le camp républicain accumule les revers. Les territoires contrôlés, fractionnés, se réduisent comme une peau de chagrin. Barcelone, Madrid subissent d'intenses bombardements, plongeant une population tiraillée par la faim dans un profond désarroi. Acculée, l'Armée populaire joue son va-tout en lançant une vaste offensive au sud de la Catalogne, le 24 juillet 1938. Des divisions parviennent à surprendre l'adversaire et à franchir l'Èbre. Pendant plus de cent jours, une bataille monstrueuse s'engage le long du fleuve. Un des plus célèbres morceaux du conflit témoigne de la brutalité de l'affrontement: «*El Paso del Ebro*». Ce titre adapte «*¡Ay, Carmela!*»: une chanson de 1808 exaltant la résistance des guérilleros espagnols en lutte contre les troupes napoléoniennes. Les paroles de ce «passage de l'Èbre» correspondent aux grandes phases de la bataille. Les deux premiers couplets s'ouvrent sur les assauts prometteurs lancés par les soldats républicains. Les deux suivants relatent les bombardements massifs des aviations allemande et italienne. Les deux derniers constatent l'efficacité des contre-offensives franquistes, malgré la vaillance des troupes républicaines. Au cœur de ce compte rendu assez convenu se glissent les deux éléments qui donnent son sel au morceau: une onomatopée, «Rumba la rumba la rumba la», insérée au cœur de chaque couplet, évoque le roulement d'un tambour battant le rappel. Du rythme rapide imprimé de la sorte se dégage une tonalité entraînante et martiale. Cette dimension belliqueuse est aussitôt contrebalancée par la lancinante invocation de Carmela, qui peut être la femme aimée ou une incarnation symbolique de l'Espagne républicaine, pour les yeux ou la défense de laquelle combattent les soldats républicains. D'ailleurs, loin de rester passives, des femmes combattent dans les rangs républicains, comme en témoignent les clichés de la photojournaliste allemande Gerda Taro. Présentées comme «dégénérées» par l'ennemi, elles subissent des violences de genre spécifiques (tontes, viols, humiliations, exécutions publiques) qui conduisent à les écarter du front ou à les assigner au rôle d'infirmière. Dans « *Viva la quinta brigada* », une autre adaptation de « *¡Ay, Carmela!* », les brigadistes scandent leur volonté d'« en finir avec le fascisme », mais n'ont « ni tanks, ni canons ». De fait, le Génie républicain a beau reconstruire sans cesse les ponts sur l'Èbre, il ne peut empêcher l'ennemi de triompher.

Dans le même temps, la signature des accords de Munich, en septembre, ruine les espoirs de déclenchement d'une guerre internationale, qui aurait pu rebattre les cartes en faveur des républicains. L'assaut décisif contre la Catalogne voit Barcelone tomber en janvier 1939 et un demi-million de réfugiés traverser les Pyrénées, hagards et désespérés lors de la *Retirada*. Le 1er avril, Madrid tombe à son tour.

Le bilan de la guerre est terrible. Les exécutions de civils ont lieu dans les deux camps. Ecclésiastiques et grands propriétaires tombent sous les balles républicaines au début du conflit, dans le cadre d'une privatisation de la violence liée à la déliquescence de l'État et de son pouvoir coercitif. Or, ces assassinats, si terribles fussent-ils, n'atteignent ni le systématisme ni l'ampleur de la terreur nationaliste qui s'abat sur les « Rouges » – un terme suffisamment élastique pour y intégrer qui l'on souhaite et perpétrer des massacres comme ceux de Badajoz ou Guernica.

Dès lors, Franco reprend à son compte les recettes éventées du parfait dictateur, imposant un régime cruel et sanguinaire fondé sur le culte du chef (*caudillo*), un parti unique, une armée aux ordres, le soutien de la hiérarchie catholique, l'instauration d'un système corporatiste et la surveillance d'une société mise au pas.

Aux prémices de la guerre froide, il parvient à se refaire une virginité morale, se présentant en champion de la lutte anti-communiste. Avec la complicité tacite des démocraties occidentales, il peut régler son compte à huis clos à « l'anti-Espagne ».

À l'issue de quarante ans de dictature, la démocratie a repris ses droits. Force est de constater que le répertoire républicain de la guerre d'Espagne continue de résonner, en manifs ou lors de rassemblements festifs. Au contraire, les chants nationalistes croupissent désormais dans les marais de l'oubli, à côté de ceux qui les ont inspirés. Souhaitons qu'ils n'en sortent jamais.

Pour aller plus loin

François Godicheau, *La Guerre d'Espagne : De la démocratie à la dictature*, Gallimard, 2006.

Bruno Giner et François Porcile, *Les Musiques pendant la guerre d'Espagne*, Berg International, 2015.

Imaste dio

Dans les geôles de la dictature grecque

Athènes (1968)

Imaste dio Imaste dio
Ki'ora simanè okhto
Svissè to foss ki'emba frouross
To vradi tha'rthounè kssana

Nous sommes deux nous sommes deux
Huit heures vont bientôt sonner
Éteins la lampe le gardien frappe
Ce soir ils reviendront nous voir

L'un va devant l'un va devant
Et les autres suivent derrière
Puis le silence et puis voici
La même chanson qui revient
(2x)

Ils frappent deux ils frappent trois
Ils frappent mille, vingt et trois
Tu as mal toi et j'ai mal moi
Qui de nous deux a le plus mal
C'est l'avenir qui le dira

Nous sommes deux nous sommes trois
Nous sommes mille vingt et trois
Avec le temps avec la pluie
Avec le sang qui a séché
Et la douleur qui vit en nous
Qui nous transperce et qui nous cloue
(2x)

Notre douleur nous guidera
Nous sommes deux nous sommes trois
Nous sommes mille, vingt et trois

Paroles originales de Míkis Theodorákis,
traduction de Georges Moustaki.

Introduction

Qui n'a jamais eu envie de danser un sirtaki effréné en regardant Anthony Quinn dans la scène finale du film *Zorba le Grec* de Michael Cacoyannis dont Míkis Theodorákis (1925-2021) a composé la BO en 1964 ? C'est à cette date que le musicien accède à la notoriété internationale à l'âge de trente-neuf ans. Dalida reprend alors sa chanson et en fait un tube en Europe. À partir de ce jour, il devient un artiste qui compte dans la Grèce de l'après-guerre. Né à Chios en 1925, d'un père avocat, il compose, dès l'âge de douze ans ses premières chansons et donne son premier concert à dix-sept ans. Pendant la Seconde Guerre mondiale, le jeune homme entre en résistance contre les troupes d'occupation italo-allemande, il est arrêté à deux reprises et torturé. C'est durant cette période que ses convictions politiques en faveur du communisme se renforcent. Le Front national de libération (EAM-ELAS), proche des communistes, et les Britanniques libèrent la Grèce mais, très vite, des tensions violentes apparaissent entre monarchistes (soutenus par les Anglais) et républicains. Dans ce contexte de guerre froide, la guerre civile (1946-1949) est inévitable car Churchill ne veut pas céder la Grèce à Staline. La monarchie se maintient donc grâce aux Alliés, le roi conservant encore de larges pouvoirs. Míkis Theodorákis, communiste notoire, est alors arrêté, envoyé en exil sur l'île d'Icarie pour être ensuite déporté à Makronissos où il subit de nouvelles tortures. Malgré les circonstances pour le moins chaotiques, le musicien réussit à achever ses études au Conservatoire d'Athènes et part ensuite en Crète diriger une école de musique. Entre 1954 et 1960, il se rend à Paris pour débuter une carrière de chef d'orchestre, tout en composant avec succès ses premières pièces musicales dont certaines sont destinées au cinéma. En 1960, il retourne en Grèce et explore une voie artistique nouvelle : une sorte de synthèse entre les traditions musicales grecques et la musique symphonique. Il compose et donne de nombreux concerts partout en Grèce. Mais il n'abandonne pas ses engagements politiques : il devient député d'un parti de gauche ; c'est pour cette raison qu'il est blacklisté et censuré par les médias du pouvoir.

Le 21 avril 1967, un groupe de colonels renverse le gouvernement un mois seulement avant des élections où le parti centriste de Geórgios Papandréou était donné favori. Cette junte militaire dirigée par Geórgios Papadópoulos est un régime qui se veut anti-communiste et autoritaire, réprimant tous les opposants et interdisant de jouer ou d'écouter la musique de Míkis Theodorákis. Ce dernier entre à nouveau en résistance : il se cache et organise un Front panhellénique anti-dictature (PAM) mais il est arrêté en août et enfermé pendant cinq mois. On le déporte dans les montagnes d'Arcadie pour ensuite le détenir dans le camp de concentration d'Oropos dans lequel il contracte la tuberculose. Cette période est pour lui très féconde : il publie des chansons, des oratorios et aussi la musique du film de Costa-Gavras, *Z* (1969). Son état de santé accélère la mobilisation de grands artistes musiciens tels que Chostakovitch, Bernstein ou Belafonte qui obtiennent son exil en France, en avril 1970.

La chanson «*Imaste dio*» est composée durant sa détention en 1968; elle rend hommage à son codétenu, l'écrivain et homme politique Andreas Lentakis. Ce dernier est un opposant farouche au régime des colonels; il a très vite adhéré au Front panhellénique anti-dictature initié par Theodorákis. Lentakis avait été arrêté en octobre 1967, détenu et torturé dans la cellule adjacente à celle de son compagnon d'infortune, Theodorákis. Cette cohabitation a inspiré les chansons dites d'Andreas intitulées: «L'abattoir», «Tu es grec», «Nous sommes deux», «Il est temps de voir». Dans ce cycle de quatre chansons composées dans une cellule de la dictature, l'auteur s'adresse à Andreas: il décrit les tortures endurées dans la chanson «L'abattoir» – «Pendant la nuit ils frappent Andreas sur la terrasse, je compte les coups, je compte la douleur, derrière le mur, nous tiendrons compagnie l'un l'autre, encore.» Dans «Tu es grec», Theodorákis évoque le passé glorieux et l'identité grecque. «Nous sommes deux» est est aussi le souvenir de la détention, de la torture, mais ici Theodorákis suggère cette fraternité et cette solidarité dans la douleur des geôles de la dictature. Pour rompre l'isolement qui affaiblit la résistance, il écrit cette chanson qui met en scène ces deux hommes au destin lié: «Nous sommes deux, nous sommes trois, nous sommes mille, vingt et trois.»

Après trois années de détention et grâce à la mobilisation de la communauté internationale (et notamment, en France, celle du député et homme de presse Jean-Jacques Servan-Schreiber), Theodorákis est autorisé à s'exiler. Il arrive à Paris en avril 1970 accueilli par un comité de soutien d'artistes et d'amis dont le réalisateur Costa-Gavras et l'actrice Melina Mercouri. Il se rapproche alors du chanteur d'origine grecque, Georges Moustaki pour enregistrer la chanson traduite en français – «Nous sommes deux». Un reportage (aujourd'hui sur le site de l'INA) filme les deux hommes dans leur processus créatif, Theodorákis au piano, Georges Moustaki à la guitare. L'échange filmé n'arrive pas à cacher l'admiration de Moustaki pour son compatriote ; il le convainc cependant de changer quelques détails dans sa chanson pour l'adapter en français. Ce dernier explique que ces chansons doivent être chantées par tout le monde, devenant ainsi une arme politique. C'est d'ailleurs ce que suggère Theodorákis dans une de ses publications trois ans plus tard : « Vous avez vos tanks. J'ai des chansons. [...] Je suis plus fort que vous parce que le temps use les tanks, tandis qu'il renforce les chansons. »

Les chansons de campagne

Certains hymnes mobilisent la rue et préparent les révolutions, d'autres sont composés pour lancer des campagnes électorales pleines de promesses et faire chanter des militants rassemblés dans de vastes salles déjà conquises. Entre lutte et kermesse, les petits drapeaux s'agitent, les produits dérivés se vendent à prix d'or, alors que les discours écrits, aux effets de manche attendus, tentent de réveiller l'applaudimètre trop sage. Aussi, la chanson est là pour faire le show, feindre l'unité dans un parti, le plus souvent tiraillé par des courants qui se détestent intimement. Mais, quand tout le monde monte sur scène pour jouer l'unité, il faut une belle chanson « unitaire ». Ainsi, en 1977, François Mitterrand commande à Theodorákis un hymne pour le prochain congrès du PS qui aura lieu à Nantes. Sur un air de musique grecque avec des chœurs très « soviétisants » et sur les paroles de l'Italien Herbert Pagani, le chant invite à changer la vie sans trop attendre, grâce au programme défendu par la motion de Mitterrand, tout en écartant le courant minoritaire du PS, incarné alors par un certain Jean-Pierre Chevènement. Tout est plus facile en chantant !

En 1974, le régime des colonels, à bout de souffle, s'effondre. Malgré la répression intraitable et souvent sanglante, les oppositions ne se sont pas tues, au contraire. En novembre 1973, les étudiants de l'École polytechnique d'Athènes occupent leur établissement en signe de protestation, rejoints par d'autres manifestants ; l'armée envoie les chars, la répression fait une centaine de morts. Mais le coup de grâce de ce régime va venir de la crise chypriote. Des nationalistes grecs organisent un coup d'État à Chypre, en juillet 1974, remettant en cause le fragile équilibre politique entre Turques et Grecs. La Turquie envahit alors la partie Nord de l'île. La junte militaire des colonels est dans l'impasse et trouve une solution en rappelant au pouvoir l'ancien Premier ministre de droite Konstantínos Karamanlís. Ce dernier lance le processus de transition démocratique qui aboutit à de nouvelles élections qui le confortent dans son pouvoir. Un référendum est organisé en décembre qui maintient la Grèce à 69 % dans la République.

Mais revenons un peu sur la figure de l'artiste Theodorákis qui incarne d'une certaine manière la conscience de la Grèce démocratique et moderne à l'identité affirmée. Son œuvre est donc multiple, il est ce militant, partisan de la démocratie qui s'oppose aux nazis mais aussi aux dictateurs grecs. Ce militantisme l'a conduit à plusieurs reprises à souffrir de l'incarcération, de la torture, de la déportation et de l'exil sans jamais se décourager. Infatigable dans ses engagements, il a pris part aux responsabilités politiques, devenant député à trois reprises et même ministre d'État entre 1990 et 1992. Il résume ainsi sa vie publique à cette sorte de slogan: «La parole, l'action et la musique.» Quant à son œuvre musicale, elle a réussi l'étonnante synthèse entre la musique classique, traditionnelle et populaire grecque – sa reconnaissance internationale en témoigne.

POUR ALLER PLUS LOIN

Nathalie Katinakis, *Mélina Mercouri et Mikis Théodorakis: Les derniers héros grecs*, L'Harmattan, 2011.

Yorgos Archimandritis et Maris Desmeures, *Mikis Théodorakis par lui-même*, Actes Sud, 2011.

L'Estaca

Les franquistes au pilori

Catalogne (1968)

L'avi Siset em parlava
de bon matí al portal
mentre el sol esperàvem
i els carros vèiem passar.
Siset, que no veus l'estaca
on estem tots lligats?
Si no podem desfer-nos-en
mai no podrem caminar!

Grand-père Siset me parlait ainsi
De bon matin au portail
Tandis qu'attendant le soleil,
Nous regardions passer les charrettes
Siset ne vois-tu pas le pieu
Où nous sommes tous attachés ?
Si nous ne pouvons nous en défaire
Jamais nous ne pourrons nous libérer !

[Refrain]
Si nous tirons tous, il tombera

Et il ne peut plus tenir longtemps
Sûr qu'il tombera, tombera, tombera,
Bien vermoulu il doit être déjà.
Si tu le tires fort par ici,
Et que je le tire fort par là ;
Sûr qu'il tombera, tombera, tombera,
Et nous pourrons nous délivrer.

Mais, Siset, il y a longtemps déjà
Que l'on s'écorche les mains
Et quand la force m'abandonne
Il semble bien plus large et plus grand qu'avant.

Certainement qu'il est tout pourri,
Pourtant, Siset, il pèse tant !
Que parfois la force me manque.
Reprenons donc ton chant !

[Refrain]

On n'entend plus le vieux Siset
Un mauvais temps l'a emporté.
Qui sait où il est passé ?
Et je reste seul au portail.
Et quand passent des jeunes,
Je tends le cou pour chanter
Le dernier chant de Siset
Le dernier qu'il m'ait appris.

[Refrain (2x)]

Paroles originales de Lluís Llach i Grande,
traduction de Julien Blottière.

EN FÉVRIER 1939, alors que la guerre d'Espagne touche à sa fin, « la loi de responsabilités politiques » pose les principes du franquisme. Pour le régime, l'heure a sonné de « reconstruire spirituellement et matériellement la Patrie » et surtout de purger la société espagnole. En violation de toutes les règles du droit, la loi, rétroactive, criminalise l'adversaire, soit les soutiens du gouvernement légal du Front populaire, les partis de gauche, les syndicats, les régionalistes... Par un tour de passe-passe monstrueux, les factieux transforment ceux qui défendirent la légalité républicaine en... factieux – de la post-vérité avant l'heure en somme. L'application du monstre juridique entraîne confiscations, expropriations des biens des populations « hostiles » (*desafectados*) et emprisonnements.

L'autolégitimation du soulèvement militaire et la définition du « mouvement » comme l'unique représentant de l'âme espagnole justifie l'élimination de toute opposition. Franco installe une dictature répressive et sanglante, visant à « nettoyer » la société espagnole. À la fin du conflit et dans l'immédiat après-guerre, un appareil répressif, associant un double système judiciaire militaire et civil, s'abat sur « l'anti-Espagne ». Un archipel de camps se met en place afin de déterminer le niveau de « contamination » des soldats républicains. Ceux jugés « irrécupérables » (50 000) sont envoyés au peloton d'exécution ou garrottés. Les autres triment dans des bataillons disciplinaires ou croupissent en prison. La faim, les mauvais traitements y tuent 150 000 personnes. En vue de sa rédemption, le prisonnier doit s'amender, se soumettre. Sa famille fait également l'objet d'une surveillance tatillonne. Toute résistance se solde par des humiliations et violences : tonte des femmes de détenus « récalcitrants », nettoyage du parvis de l'église du village…

La défense de l'Espagne éternelle franquiste implique la rédemption du peuple espagnol, auquel est appliquée une prophylaxie fondée sur l'imposition de la douleur, de la violence et du contrôle social. En incitant à la délation, le régime tient l'ensemble de la population dans ses rets, dans la mesure où il délègue la surveillance de l'ennemi aux Espagnols qui adhèrent au système. Les délateurs zélés permettent ainsi à la répression de s'abattre sur celui qui, au village, a mauvaise réputation. La société, purgée de ses éléments corrompus, doit se reforger sur les cendres de l'Espagne libérale. À l'école, la glorification du régime et de son *caudillo* (chef), doit modeler de parfaits petits Espagnols, auxquels sont inculquées les valeurs traditionnelles portées par un catholicisme antidémocratique et puritain.

En dépit de ce carcan de fer, les premières lézardes apparaissent sous l'effet conjugué de la croissance économique et de l'entrée des Espagnols dans la société de consommation… La dictature n'admet aucune dissension, interdit les grèves, contraint les militants à la clandestinité, mais ne parvient pourtant pas à empêcher la résurgence des conflits sociaux à partir de la fin des années 1950, alors que l'Espagne entre dans une période de croissance économique. Le régime réprime avec brutalité les grèves, qui n'en gagnent pas moins en ampleur au cours de la décennie suivante, dans les mines asturiennes, la sidérurgie basque et la métallurgie catalane. La résistance gagne bientôt les universités, dans un contexte mondial de remise en question des autorités établies.

Malgré sa volonté de maintenir l'Espagne sous cloche, Franco ne peut empêcher que les échos du mouvement de libéralisation à l'œuvre dans les démocraties libérales voisines ne sourdent dans la péninsule, que ce soit par l'intermédiaire des travailleurs espagnols exilés ou par l'entremise des millions de touristes qui affluent sur les côtes à partir du début des années 1960.

Si le régime exerce désormais la violence de manière plus ciblée, il n'abandonne pas son essence fondamentalement répressive. Franco impose son idéologie centralisatrice et unitaire, réprimant toute revendication identitaire autre que castillane. Basques et Catalans perdent leur autonomie politique, tandis que la répression culturelle cherche à reléguer la pratique de la langue et la défense de l'identité provinciale à la sphère privée ou la clandestinité. Cette situation, aggravée par l'absence de toute représentation politique, confère aux artistes un rôle crucial.

Au cours des années 1960-1970, un mouvement musical se structure. La *Nova Cançó* catalane naît de la volonté de jeunes intellectuels de se doter d'un moyen de communication vraiment populaire. En 1959, Lluís Serrahima i Villavecchia publie le manifeste fondateur du mouvement. Sous le titre « Il nous faut des chansons de maintenant », l'écrivain chanteur incite les musiciens catalans à composer dans leur langue, en prenant pour modèle la nouvelle chanson française, notamment

Brassens. En 1961, le collectif *Els Setze Jutges* («Les seize juges») envisage la *Nova Cançó* comme un outil d'expression de l'identité et de critique sociale. Refusant de chanter en castillan, il fait du catalan le véhicule des revendications. Le Valencien Raimon concrétise cette ambition avec son hymne à la liberté «*Al Vent*» ou «*Diguem no*» («Disons non») – une charge contre la dictature. Sa popularité contribue au succès de la *Nova Cançó*. En mai 1968, le concert qu'il donne à l'université Complutense de Madrid se termine par une manifestation et des heurts avec la police.

Le pouvoir renforce sa surveillance et la censure s'abat sur des artistes privés d'accès aux médias, à la scène ou aux studios. Aussi, pour obtenir le droit d'enregistrer, mieux vaut utiliser un langage sibyllin ou métaphorique – domaine dans lequel Lluís Llach excelle. Dernier et plus jeune des «seize juges», né dans une famille de petits notables plutôt franquistes, il rencontre au début des années 1960, à l'adolescence, un individu qui le marquera profondément: Narcís Llansa i Tubau. Ce barbier républicain et anticlérical, durement éprouvé par le pouvoir qui lui impose l'assistance à la messe et l'entretien de l'église, partage ses réflexions avec le petit Lluís, lors de parties de pêche.

En 1968, Llach compose une valse lors d'une soirée avec des amis qui se mettent à fredonner en chœur «*tomba tomba tomba*». Autour de cette répétition saugrenue, l'auteur imagine le dialogue entre Siset, un vieil homme dont le modèle n'est autre que Narcís, et un narrateur. Celui-ci, interloqué par le pieu qui entrave la liberté de mouvement de tous, demande conseil au grand-père qui suggère un mouvement coordonné pour arracher le piquet. La métaphore du pieu représente l'Espagne franquiste, que seules l'union populaire et l'action coordonnée des uns et des autres pourront détruire. Pour se donner du cœur à l'ouvrage et vaincre le découragement, il faut un chant de ralliement : celui que le vieux Siset a transmis à son cadet et qui constitue le refrain de la chanson. Dans la dernière strophe, le narrateur, maintenant que Siset n'est plus, devient responsable de la transmission des idées de liberté et de lutte auprès des nouvelles générations.

Pour éviter la mise à l'index, il faut connaître les mots interdits (« peur », « peuple », « liberté »), traduire les textes des chansons en castillan, toujours ruser. Dans le refrain de « *La gallineta* », qui narre le quotidien d'une poulette qui refuse de pondre des œufs pour l'exploitant exploiteur, Llach lui fait chanter « Vive la révulsion », en lieu et place de « Vive la révolution ». Oui, les censeurs savent être très cons ! « *L'Estaca* » passera aussi entre les mailles de la censure, qui ne perçoit pas le contenu subversif du morceau. Avant son interdiction, le chant a le temps de se frayer un chemin auprès du public, au point de rapidement s'imposer comme un hymne de combat contre la dictature et l'emblème de la Catalogne. Le personnage de Siset devient une figure mythique au sein de la mémoire collective catalane, celle de l'ancêtre plein de sagesse, soucieux de transmettre l'idée de lutte. À partir de 1969, lors des concerts, l'auditoire chante les mots interdits à la place de Llach, qui joue sur scène ; symbole fort d'un public prêtant sa voix à celui qui avait si bien su transcrire ses aspirations profondes.

Une fois la démocratie revenue, « L'Estaca » *devient un hymne de reconnaissance identitaire entonné à gorges déployées dans le cadre des revendications culturelles catalanes ou dans les manifestations en faveur de l'indépendance. Cela dit, le chant connaît aussi une très grande popularité hors de Catalogne. Traduit en des dizaines de langues, il sert à la revendication en faveur de la liberté et contre l'oppression. En 1979, en Pologne, les syndicalistes de Solidarnosc en lutte contre le gouvernement communiste inféodé à Moscou, s'approprient le morceau qui devient* « Mury » *(« Les murs »). En Tunisie, en 2011, dans le cadre de la révolution de Jasmin, Emel Mathlouthi interprète* « Dima Dima ». *En Biélorussie, lors de la réélection frauduleuse et contestée d'Alexandre Loukachenko en août 2020, des milliers de manifestants descendent dans la rue pour dénoncer le trucage des élections présidentielles. Une répression implacable s'abat sur les protestataires, dont le chant de ralliement s'inspire de la version polonaise de* « L'Estaca ». *Dans un contexte festif, le chant retentit encore dans les travées du stade Aimé-Giral, lors des rencontres de l'Union sportive Arlequins Perpignan-Roussillon (Usap), le club de rugby de Perpignan – une ville tombée dans les rets de l'extrême droite...*

Considéré comme un chanteur subversif par le pouvoir, il se réfugie à Paris et tente de gagner sa vie dans des salles de la capitale. Comme souvent, la répression aboutit à l'effet inverse de celui escompté par ceux qui l'appliquent : un regain de popularité pour les artistes bannis et les œuvres prohibées. Une fois la dictature enterrée, la transition démocratique achevée, Llach jouit d'une popularité exceptionnelle. En 1985, au Camp Nou (le stade du FC Barcelone), il rassemblera 120 000 personnes.

Le 20 novembre 1975, après une interminable agonie, Franco passe enfin l'arme à... gauche. Mais il faut encore attendre trois ans pour que des institutions démocratiques voient le jour. Cette transition se fait dans un contexte de grande tension entre les gardiens du temple franquiste et les militants de la gauche révolutionnaire. Le tout s'inscrit sur fond de vive conflictualité sociale et de violences marquées par les attentats de l'ETA basque et la répression brutale des forces de l'ordre. Les partis politiques optent pour la « réconciliation nationale » entre vainqueurs et vaincus de la guerre. La libération des prisonniers politiques, ainsi que l'obtention d'un régime démocratique priment sur le fait de juger les crimes du franquisme. La loi d'amnistie de 1977, la première votée par le Parlement tout juste élu, scelle symboliquement la fin de la guerre civile. Ainsi, il n'y a ni épurations ni poursuites judiciaires pour les crimes commis.

Au début du XXIe siècle, les priorités changent. De nombreux Espagnols appellent de leurs vœux une claire condamnation du franquisme, la réhabilitation de ses victimes et la fin du mythe selon lequel la guerre civile serait un conflit fratricide au cours duquel des atrocités équivalentes auraient été commises par les deux camps. En 2000, l'exhumation médiatisée de cadavres des fosses du franquisme lance le mouvement dit de « récupération de la mémoire historique». Dans son sillage, deux lois votées en 2007 et 2022 promeuvent la pleine reconnaissance des victimes du franquisme, tout en cherchant à éliminer ses traces de l'espace public (monuments, plaques, toponymes). En attendant, la loi d'amnistie n'est pas abrogée, les nostalgiques du *caudillo* soutiennent le parti d'extrême droite Vox et des milliers de corps continuent d'être privés de sépulture. Non loin de Madrid, le *Valle de los Caídos*, gigantesque mausolée érigé en son temps par des travailleurs forcés pour glorifier le régime, reste intact mais la dépouille de Franco en a été déplacée. l'endroit est désormais dédié aux victimes des deux camps. Une croix monumentale continue de dominer les lieux, à la différence du pieu dont le vieux Siset savait bien qu'il finirait par tomber.

POUR ALLER PLUS LOIN

Sandrine. Frayssinhes Ribes: «De la Nova Canço catalane à la Nova Nova Canço: la chanson engagée en héritage en Catalogne», *in* Florence Belmonte, Isabelle Felici et Philippe Martel (dir.), *Chanter la lutte: Actes du colloque de Montpellier, mars 2015*, Atelier de création libertaire, 2016.

Guiomar Hautcœur Perez-Espejo: «Chanson et transition démocratique en Espagne», *Écrire l'histoire*, n° 22, 2022, p. 81-88.

Siamo tutti antifascisti

Grândola, vila morena

Le *la* de la Révolution

Lisbonne (1974)

Grândola, vila morena
Terra da fraternidade
O povo é quem mais ordena
Dentro de ti, ó cidade

En toi cité
C'est le peuple qui commande
Terre de fraternité
Grândola, ville brune

Dans chaque coin un ami
En chaque visage l'égalité
Grândola ville brune
Terre de fraternité

Terre de fraternité
Grândola, ville brune

En chaque visage l'égalité
C'est le peuple qui commande

À l'ombre d'un chêne vert
qui ne connaissait plus son âge
J'ai juré de prendre comme compagne
Grândola, ta volonté

Grândola, ta volonté
J'ai juré de prendre comme compagne
À l'ombre d'un chêne vert
qui ne connaissait plus son âge

PAROLES ORIGINALES DE JOSÉ AFONSO,
EXTRAITES DE L'ALBUM *CANTIGAS DO MAIO*,
TRADUCTION DE JULIEN BLOTTIÈRE).
MERCI À VICTOR PEREIRA
POUR SA RELECTURE ATTENTIVE

LA PREMIÈRE RÉPUBLIQUE PORTUGAISE est renversée en 1926 par un coup d'État, dont découle la dictature de Salazar. Enseignant à l'université, l'homme s'est forgé une réputation d'expert économique. Ambitieux, refusant de se laisser enfermer dans les habits trop étroits d'un Mozart de la finance, il veut en finir avec les idées libérales. À la différence de Mussolini (l'un de ses modèles), Salazar a le charisme d'une huître. Présenté comme le père de la Nation, il chérit un Portugal immuable : rural, catholique, conservateur. Pourtant, loin du pays de cocagne fantasmé, la majorité des habitants est analphabète et pauvre. Sa dictature, l'*Estado Novo*, se fonde sur un strict contrôle étatique de la société et de l'économie. L'absence de libertés, la censure, la violence de la Pide (Polícia internacional e de defesa do estado, la police politique prompte à torturer), la crainte des mouchards à l'affût, maintiennent la population dans la peur.

Au grand dam du taxidermiste au pouvoir, le Portugal bouge à l'aube des années 1960. Les difficultés économiques, l'absence de politique sociale et de libertés, la pauvreté endémique et les guerres coloniales poussent à l'exil les Portugais. Près d'un individu sur dix quitte illégalement le pays pour la France. Victor Pereira évoque un « plébiscite par les pieds ».

Depuis le xve siècle, le Portugal s'est doté d'un empire colonial, amputé du Brésil en 1822 et recentré sur les possessions africaines (Angola, Mozambique, Guinée Bissau, Cap-Vert, São Tomé-et-Principe). Alors que la décolonisation débute en Asie, Salazar accentue la propagande colonialiste. Le mythe lusotropicaliste forge l'idée d'une voie portugaise de colonisation, respectueuse des cultures autochtones, exempte de racisme. Pour accréditer ces fariboles, le pouvoir enrôle sous sa bannière les vedettes du football issues de l'empire, à l'instar du Mozambicain Eusébio. L'éclatement des guerres de libération à l'aube des années 1960 porte un rude coup à ce régime arc-bouté sur la défense de ses colonies. Le coût à payer est énorme, entre l'impopulaire conscription imposée aux jeunes hommes et les sommes fabuleuses engagées dans les guerres coloniales. En vain, tant les combats en Guinée frôlent la déroute.

Les conflits de décolonisation se transforment en bourbiers, ingagnables ; si bien qu'une contestation grandissante prospère au sein de l'armée, pourtant longtemps considérée comme le socle de la dictature. De profonds changements affectent l'institution militaire en plein renouvellement. Les difficultés de recrutement d'officiers provoquent ainsi l'afflux de jeunes cadres issus des classes populaires rurales, souvent gagnées aux idées de gauche. Au sein de ce bouillon de culture, à l'initiative des capitaines, émerge en 1974 le Mouvement des forces armées (MFA), opposé à la dictature et aux guerres coloniales. C'est en son sein que de jeunes officiers fomentent un coup d'État d'école.

Tirant les enseignements d'une première tentative avortée le 16 mars 1974, le major Otelo Saraiva de Carvalho organise un plan d'action afin de prendre le contrôle des centres névralgiques de Lisbonne. Problème : comment prévenir, à l'aide d'un message sûr, toutes les unités au même moment ? Un stratagème se dessine : le signal du déclenchement du putsch sera transmis sur les ondes d'une radio, sous la forme d'une chanson. Les gradés mis dans la confidence sauront qu'il est l'heure de passer à l'action. Ainsi, les officiers à l'écoute d'une des radios du groupe Emissores Associados de Lisboa, devront se tenir prêts lors de la diffusion prévue le 24 avril 1974 à 22 h 55, du morceau «*E depois de adeus*» de Paulo de Carvalho – chanson choisie pour représenter le Portugal à l'Eurovision. Mais, comme la radio chargée de diffuser ce titre inoffensif n'émet guère au-delà de Lisbonne, il faut tirer une seconde salve, susceptible d'être entendue dans tout le pays. La Rádio Renascença, station conservatrice de l'Église catholique, remplit ce critère. En dépit de la surveillance dont fait l'objet l'émission culturelle «*Limite*», son animateur Carlos Albino, un chrétien progressiste, accepte de passer «*Grandôla, vila morena*» à 00 h 20.

Son auteur, José Afonso, dit Zeca, a quarante-cinq ans. Sa carrière d'enseignant l'a conduit dans l'Alentejo, bastion de la lutte antifasciste où il éprouve ses idées et son art. Lui qui a débuté sa carrière comme chanteur de fado, délaisse le genre pour des ballades consacrées aux rudes réalités sociales. Au fil des ans, Zeca s'impose comme une conscience antifasciste, un poète libre. Certaines de ses compositions sont mises à l'index par la censure. En avril 1964, invité par la Société musicale Fraternité ouvrière de Grândola (SMFOG), dans l'Alentejo, le chanteur découvre une communauté villageoise solidaire et fraternelle, composée de journaliers agricoles et d'ouvriers de l'industrie du liège. Dans la ferveur d'une salle conquise, Afonso interprète son répertoire. L'accueil enthousiaste lui inspire un poème dont les strophes exaltent l'idéal socialiste et libertaire du SMFOG.

Les mois passent. Sous l'égide de la maison d'édition Orfeu, Afonso se consacre désormais pleinement à la musique. En 1971, il se rend dans les studios du château d'Hérouville, dans le Vexin français, pour y enregistrer l'album *Cantigas do Maio*. Pour l'occasion, il met en musique son poème en l'honneur de «*Grândola*». José Mário Branco, lui-même chanteur contestataire exilé en France, supervise l'enregistrement et incite son ami à interpréter le titre à la manière des chorales de l'Alentejo. Sur une musique lente et cadencée, les vers des strophes paires reprennent ceux des précédentes en les inversant, ce qui facilite la mémorisation des paroles et permet l'alternance du chant, ouvrant un dialogue entre le soliste et le chœur. À l'unisson, les voix, mais aussi les bruits de pas coordonnés qui introduisent le titre (réminiscence de ceux des ouvriers agricoles marchant vers les champs) appuient les mots du poète. Le chanteur meneur se met au service du collectif, de «compagnons» soudés derrière les idéaux de «fraternité» et «d'égalité». Ici, pas de dictature: «c'est le peuple qui commande». Par métonymie, Grandôla «ville brune» et son «peuple» s'unissent en une «terre de fraternité». De la cadence rythmique, presque militaire, se dégagent la force et l'unité susceptibles de transformer un chant folklorique en hymne politique.

L'opposition, qui relève la tête, se réunit en congrès à Aveiro, en avril 1973. Afonso s'y produit, ce qui lui vaudra de croupir quelques jours en prison pour atteinte à la sûreté de l'État. Libéré, il remonte sur scène le 29 mars 1974, dans le cadre des «Rencontres de la chanson portugaise». La Pide hésite à intervenir et à disperser ce rassemblement d'artistes dissidents, dont les titres sont passés aux cribles avant de pouvoir être interprétés. «*Grândola*» échappe au bâillon. Reprise en chœur, elle clôt le spectacle. Le processus révolutionnaire, qui conduira à la révolution des Œillets, est en marche et son hymne tout trouvé.

À 00 h 25, le 25 avril, lorsque s'élève du poste la voix de Zeca, l'opération «Virage historique» commence. Les jeunes officiers s'attendent à une résistance acharnée. Or, dans la matinée, les troupes envoyées pour arrêter le mouvement refusent de tirer, rebroussent chemin ou rejoignent les insurgés. L'*Estado Novo* a pris un sacré coup de pelle. Dans l'après-midi, Marcelo Caetano, le président du Conseil et successeur de Salazar depuis 1968, se réfugie au siège de la gendarmerie, place du Carmo. Refusant de négocier avec Salgueiro Maia, capitaine de vingt-neuf ans, il ne se rend qu'à un haut gradé: António de Spínola.

Les jeunes officiers, qui aspirent à la démocratie, n'ont pas anticipé le soutien populaire qui pousse dans la rue des foules immenses. Cette participation transforme le coup d'État en révolution, ce que confirmera la manifestation monstre du 1er mai, des rangs de laquelle monte

«*Grandôla, vila morena*». «C'est le peuple qui commande», refusant de voir le pouvoir confisqué une nouvelle fois par des militaires, fussent-ils favorables. Aussitôt, les habitants des bidonvilles occupent les logements vides, tandis que se lève un vaste mouvement de grèves exigeant de meilleurs salaires et des droits. La remise en cause du capitalisme est également avancée.

Le 25 avril marque aussi la libération des prisonniers politiques, ainsi que le retour d'exil des opposants à la dictature. Malgré de très vives tensions, la transition démocratique aboutit en 1976 à l'avènement d'une République parlementaire pluraliste. La séquence révolutionnaire ouverte deux ans plus tôt, se clôt sur le reflux des idéaux socialistes défendus par l'aile gauche du MFA, les communistes, l'extrême gauche et Afonso – ce partisan d'une participation populaire directe au pouvoir. Loin des projecteurs, le poète acquiert alors une petite ferme dans la Serra de Grândola, en cette terre de fraternité, où trouvent à s'épanouir les solides racines des chênes verts de l'Alentejo.

Début 2013, le Portugal se voit imposer par l'Union européenne une purge «austéritaire». Devant l'Assemblée, Pedro Premier ministre, s'emploie à faire avaler l'amère pilule, quand soudain montent des tribunes les paroles d'Afonso, couvrant la logorrhée néolibérale d'un orateur bientôt contraint au silence. Par-delà la révolution des Œillets, «Grândola» *s'est imposée comme un symbole de la contestation du pouvoir, une ode aux communs dans un monde individualiste.*

Pour aller plus loin

Marie-Noëlle Cicci, « “*Grândola Vila Morena*” : *l'hymne de la contestation portugaise* », *Lengas*, n° 74, 2013.

Victor Pereira, *C'est le peuple qui commande : La révolution des Œillets, 1974-1976*, Le Détour, 2024.

Mercedes Guerreiro et Jean Lemaître, *« Grândola Vila Morena » : Le roman d'une chanson*, Otium, 2019.

Gimme Hope Jo'anna

Guyana for South Africa

Afrique du Sud (1988)

Well Jo'Anna she runs a country
She runs in Durban and the Transvaal
She makes a few of her people happy, oh
She don't care about the rest at all
She's got a system they call Apartheid
It keeps a brother in a subjection
But maybe pressure will make Jo'Anna see
How everybody could live as one

Jo'Anna dirige un pays
Elle dirige à Durban et dans le Transvaal
Elle rend une minorité heureuse
Et se moque du sort du reste de la population
Elle a un système qu'ils appellent Apartheid
Qui maintient le frère dans la soumission
Mais peut-être qu'avec la pression
Jo'Anna va réaliser
Que chacun pourrait vivre dans l'unité

[Refrain]
Donne-moi l'espoir Jo'Anna
L'espoir Jo'Anna
Donne-moi l'espoir Jo'Anna
Avant que le jour se lève
Donne-moi l'espoir Jo'Anna
L'espoir Jo'Anna
Avant que le jour se lève

J'entends qu'elle produit tout cet or
Pour acheter de nouvelles armes, toutes sortes de pistolets
Tandis que chacune des mères noires de Soweto tremble
À l'idée d'avoir un autre fils assassiné

Traversant toutes les frontières alentour
Pour s'amuser encore et encore
Elle se moque de savoir si son petit jeu
Est dangereux pour tout un chacun

[Refrain]

Elle a des soutiens haut placés
Qui se laissent aveugler par son soleil
Jo'Anna satisfait leurs envies d'argent
Pour tenter tous ceux qui voudraient venir

Elle sait même comment manipuler l'opinion
Dans chaque magazine et les journaux
Et pour chaque faux pas fait par Jo'Anna
Ils ont toujours une bonne explication

[Refrain]

Même le prêtre qui œuvre pour Jésus
L'archevêque qui est un homme de paix
Dit qu'ensemble, les combattants de la liberté
triompheront des plus forts

Je voudrais savoir si tu es aveugle, Jo'Anna
Si tu voudrais entendre le son des tambours
Ne vois-tu pas que le vent tourne
Ne me fais pas attendre le lever du jour

PAROLES ET MUSIQUE D'EDDY GRANT,
TRADUCTION VÉRONIQUE SERVAT.

LORSQU'EDDY GRANT LANCE EN 1988 son nouveau single, *«Gimme Hope Jo'anna»*, ce natif du Guyana, ancienne colonie britannique, est connu des milieux de la musique depuis une vingtaine d'années. Au fil de sa longue carrière, il décroche quelques *hits* qui ont non seulement marqué l'histoire des musiques populaires, mais aussi visibilisé les artistes noir·es en Angleterre. Le premier d'entre eux, «*Baby Come Back*», mélange le son des guitares électriques du rock aux rythmes syncopés du ska. Signé de son groupe The Equals, dans lequel jouent trois Noirs et deux Blancs, le morceau, très entêtant, est à la fin des années 1960, en tête des *charts* anglais. Le groupe reflète les mutations de la société britannique d'après-guerre, marquée par les importantes migrations venues des Caraïbes. D'une génération postérieure à ces premiers flux, Eddy Grant est arrivé en 1960 en Grande-Bretagne avec son père. Dans le quartier populaire de Kentish Town au nord de Londres où il grandit, il connaît les dures conditions de logement et de vie des ressortissants issus d'un empire colonial en voie de dislocation, pour lesquels le racisme est une expérience commune et quotidienne. Le chanteur appartient à cette génération des Don Letts ou des Linton Kwesi Johnson, qui voit en la musique une arme puissante de dévoilement et de contestation des inégalités raciales et sociales.

En 1980, le succès revient, par procuration, avec la reprise par The Clash du « *Police on My Back* » de The Equals – groupe dont Eddy Grant n'est plus membre depuis 1971. Entre-temps ce dernier n'a pas chômé : il a fondé son propre label, a ouvert le premier studio londonien dirigé par un Noir, The Coach House. Au début des années 1980, il part s'installer à la Barbade. C'est là qu'il enregistre son cinquième album dont seront extraits deux singles. Le second, qui évoque les émeutes survenues un an auparavant à Brixton, au sud-est de Londres, s'intitule *Electric Avenue* : c'est un *hit* international. Le premier est celui qui nous intéresse : il s'intitule « *Gimme Hope Jo'anna* ».

La Jo'hanna de la chanson d'Eddy Grant n'est aucunement sa dulcinée, mais Johannesburg, ville située au sud de la capitale de l'Afrique du Sud, Pretoria. Comme d'autres artistes de l'époque, Eddy Grant participe à la dénonciation de l'apartheid en musique. Ce régime à l'origine de l'emprisonnement de Nelson Mandela à Robben Island, a permis à une minorité blanche conservatrice, suprémaciste, raciste, d'imposer à la population noire du pays un mode de gouvernement ségrégationniste total parmi les pires du XXe siècle. Ce dernier avait pourtant placé la barre assez haut. D'une longévité remarquable, il est à son crépuscule lorsqu'Eddy Grant chante « *Gimme Hope Jo'hanna* ». Bien qu'elle semble interminable, cette fin attendue donne à tous les Noirs du pays, ceux de Johannesburg comme les autres, une bonne raison d'espérer. De l'espoir de cette libération, aux contours encore incertains, naît l'impatience : « Ne vois-tu pas que le vent tourne ? Ne me fais pas attendre jusqu'au lever du jour . »

Officiellement, le régime d'apartheid ne naît qu'après la Seconde Guerre mondiale mais ses prémices datent de l'époque coloniale. Dès le XVIIIe siècle, des Hollandais portés par la Compagnie des Indes orientales s'installent en conquérants en Afrique australe. Leur influence dans la région est contestée par la puissance britannique qui regarde avec avidité ces terres riches de diamants et d'or, qu'elle entend s'approprier au plus vite. À la fin du XIXe siècle, ces deux nations triomphent de l'empire Zoulou, puis des Boers (terme par lequel on désigne les descendants des premiers colons hollandais). Finalement, leurs convergences d'intérêts étant plus fortes que leurs divisions, Hollandais et Anglais s'entendent pour gouverner l'Union sud-africaine, dominion britannique dont l'existence débute en 1909. À cette date, le million d'individus de la minorité blanche, Afrikaners et Blancs d'origines britannique et française, impose ses volontés aux quatre millions de Noirs du pays. Ces derniers n'ont pas le droit de vote, ne peuvent posséder des terres que dans des zones désignées par les Afrikaners et subissent déjà des formes de ségrégation dans l'espace public. L'ANC (*African National Congress* fondé en 1912) est, parmi d'autres, une des organisations capables de résister et de lutter contre cette politique. Mais, pour l'heure, hésitantes sur les modalités à mettre en œuvre pour contrer le pouvoir blanc, leurs actions s'avèrent peu efficaces.

Après le second conflit mondial, les choses prennent une autre tournure. L'Union sud-africaine se détache progressivement de la tutelle britannique. Le Parti national afrikaner, au pouvoir installe, au bénéfice de la seule minorité blanche, un régime raciste de ségrégation totale. Le *Population Registration Act* définit les appartenances raciales en trois groupes : celui des Blancs, des Noirs et des *Coloured*, ou métis, dont l'accès aux droits est différencié. Le *Group Areas Act* délimite des zones de résidence (les *townships*) et d'activités autorisées pour les Noirs. En 1953, le *Reservation of Seperate Amenities Act* vient le prolonger en attribuant à chaque groupe racial un accès spécifique aux services et espaces publics. L'usage des commerces, des bancs, des transports, l'accès aux plages sont dissociés jusque dans les cimetières, réservés aux Blancs dans la plupart du pays. La stricte séparation des groupes raciaux est garantie par *l'Immorality Act* qui interdit, quant à lui, les relations sexuelles interraciales. Enfin, le *Bantu Education Act* met en place une dizaine de territoires (bantoustans) auxquels les membres des « tribus indigènes » sont affiliés de façon arbitraire, assignés à résidence, mis à l'écart de la vie politique et quotidienne du reste du pays. Ainsi, le régime qui se met en place au début des années 1950 en Afrique du Sud, instaure une ligne de couleur infranchissable et une ségrégation généralisée entièrement organisée par l'État. Elle ne peut être garantie qu'avec un appareil répressif adéquat capable de réprimer, arrêter, emprisonner et museler toute opposition supposée ou réelle.

Aussi, la nouvelle République sud-africaine qui a quitté le Commonwealth en 1960, enchaîne-t-elle, parallèlement au strict contrôle quotidien de la majorité noire, les poussées répressives et sanglantes. Au mois de mars de cette même année, la police tire sur des manifestants d'un *township* proche de Johannesburg dont les habitants se mobilisent contre l'imposition du laissez-passer, tout à la fois document de surveillance et autorisation de déplacements contrôlés pour les Noirs. On dénombre 69 victimes. Peu après ce massacre de Sharpeville, les principaux leaders politiques anti-apartheid de l'ANC, dont l'avocat Nelson Mandela qui a déjà effectué plusieurs séjours en prison, sont arrêtés et incarcérés. Cette séquence a des répercussions nationales et internationales. D'une part, l'ONU demande à ses adhérents de stopper les livraisons d'armes et de pétrole ; le Comité international olympique (CIO), de son côté, exclut l'Afrique du Sud des compétitions olympiques dès 1962. D'autre part, le régime de Pretoria se referme davantage sur lui-même et accroît son arsenal répressif. En juin 1976, un nouveau massacre est perpétré par la police à Soweto, au sud-ouest de Johannesburg, lors de protestations qui impliquent de nombreux lycéens et lycéennes refusant l'imposition de l'afrikaans comme langue d'enseignement. L'année suivante, encore, Steve Biko, fondateur du mouvement étudiant de la Conscience noire, décède en garde à vue des suites de violences et tortures policières. Acculé et isolé, le pouvoir afrikaner ne cesse de dériver vers la surenchère répressive. Tant à l'intérieur qu'à l'extérieur, les voix qui s'élèvent contre le régime sont plus nombreuses et portent plus haut la critique du régime. Toutefois, les lobbys et soutiens de l'apartheid restent puissants au sein des nations occidentales et anciennes puissances coloniales pour d'évidentes et mauvaises raisons économiques, notamment les richesses aurifères que mentionne Eddy Grant.

Windrush, l'héritage de la colonisation et de l'esclavage

Arrivé avec son père de son Guyana natal, alors que cette colonie britannique n'a pas encore obtenu son indépendance, Eddy Grant et sa famille font partie des nombreux migrants caribéens venus s'installer, à la demande de la Métropole, pour accomplir les tâches ingrates de la reconstruction et du boom économique de l'après-guerre. Cette génération est parfois appelée « Windrush », du nom de l'un des premiers navires à accoster près de Londres en 1948. Dès les années 1980, Eddy Grant a dénoncé les discriminations racistes dont sont victimes les Caribéens, notamment à Brixton après les émeutes provoquées en 1981 par les humiliations et les violences policières. Ce fut le remarquable « Electric Avenue ».

Dans les années 2010, le gouvernement conservateur et sa ministre de l'Intérieur Theresa May cherchent à créer un « environnement hostile » à l'immigration en exigeant des documents prouvant la présence ancienne des migrants. De nombreux Caribéens, en particulier jamaïcains, établis au Royaume-Uni depuis plus de cinquante ans et arrivés très jeunes, ont été dans l'incapacité de fournir des preuves de leur arrivée… que les autorités avaient elles-mêmes détruites depuis longtemps. Quelques centaines de personnes ont ainsi été expulsées vers des pays qu'ils ne connaissaient pas ; beaucoup d'autres ont perdu leur logement et leur travail. De la génération « Windrush », on passe ainsi au scandale « Windrush », les autorités n'ayant révisé leur politique qu'avec lenteur et parcimonie, ne permettant pas aux personnes lésées de recouvrer leurs droits. Cette injustice a mis en rage Eddy Grant, installé à la Barbade, qui en a profité pour remettre sur le tapis la demande d'indemnisation pour l'esclavage formulée par les pays caribéens, pour l'instant restée sans réponse.

Le monde de la musique a dénoncé l'apartheid suivant des voies transatlantiques. Le couple de musiciens sud-africains formé par Hugh Masekela et Miriam Makeba fut contraint à l'exil. Leur combat contre l'apartheid passe par les États-Unis. Cette musique s'implique dans celui pour les droits civiques aux côtés d'Harry Belafonte; lui, plus radical, se rapproche de la mouvance Black Power. En 1975, Gil Scott-Heron opère une synthèse possible de ces cheminements communs avec son titre *«Johannesburg»* tiré de l'album *From South Africa to South Carolina*. Le combat musical reprend lorsque l'énorme star du rock Peter Gabriel sort un morceau éponyme en hommage à Steve Biko. L'année 1980 est un tournant: à ce succès discographique, s'ajoute le boycott culturel de l'Afrique du Sud décrété par l'ONU et les réformes constitutionnelles de Pieter Willem Botha qui a pris la tête du pays. Par référendum, les Indiens et les métis d'Afrique du Sud sont désormais autorisés à participer à la vie politique du pays. Les deux communautés en profitent pour boycotter les élections afin de faire pression sur le pouvoir blanc et obtenir que les 25 millions de Noirs du pays puissent enfin obtenir des droits politiques. Ils sont encouragés par le renouveau du mouvement noir qui trouve alors en l'archevêque anglican Desmond Tutu sa nouvelle figure charismatique.

En Europe, la machinerie de l'industrie musicale se lance alors plus avant dans le combat: Jerry Dammers, des Specials, une des figures clés du *Rock Against Racism*, a formé un nouveau groupe, le Special AKA. Dans une passe difficile, Elvis Costello lui vient en aide pour boucler un morceau dédié au leader de l'ANC emprisonné à Robben Island depuis 1964. «Free Nelson Mandela» fait écho à Londres au «Free Mandela!» lancé par Desmond Tutu à l'autre bout de l'Afrique; l'archevêque reçoit en cette année 1984 le prix Nobel de la paix. Au même moment, un autre projet émerge aux États-Unis : Steven Van Zandt, ancien guitariste du E Street Band de Bruce Springsteen enregistre « *Sun City* ». Parmi la pléiade de stars des *United Artists Against Apartheid*, on trouve Springsteen, Peter Gabriel ou encore Bob Dylan. Tous entendent dénoncer la complaisance de certains de leurs homologues qui se produisent dans ce complexe réservé aux riches blancs d'Afrique du Sud, aveugles au sort des Noirs sud-africains qui s'entassent dans les *townships*. En janvier 1985, alors que la fin de l'apartheid semble de plus en plus inéluctable, un énorme concert a lieu au Ellis Park Stadium, en Afrique du Sud, au profit de l'ONG Operation Hunger visant à lever des fonds pour lutter contre la faim dans le pays. Sur scène 22 artistes se succèdent parmi lesquels le groupe Juluka, symbole de la transition en cours vers une autre Afrique du Sud : il est composé de musiciens et danseurs noirs et d'un chanteur blanc, Johnny Clegg. L'alignement des planètes musicales et politiques participe à fragiliser encore plus le régime de Pretoria en offrant une tribune aux membres de l'ANC en exil.

En juin 1988, Eddy Grant n'est pas sur la scène de Wembley aux côtés des Simple Minds, Sting, Dire Straits ou Phil Collins réunis pour célébrer en mondovision les soixante-dix ans de Mandela, bien que « *Gimme Hope Jo'hanna* » lui soit dédié. De taille plus modeste que les grandes messes médiatiques et caritatives, sa petite entreprise, plus ouvertement politique dans le propos, participe à son échelle à la dénonciation tous azimuts de l'apartheid en musique. Aux sons de sa mélodie légère et entraînante, Grant regarde au-delà de la figure emblématique du prisonnier politique. Il se concentre sur les fondements ségrégationnistes et racistes du régime, sur ses complicités parmi les nations occidentales et sur les juteux enjeux économiques qui les cimentent. Il dit aussi l'histoire en marche : le crépuscule de l'apartheid, l'espoir de changement et de voir naître une nouvelle Afrique du Sud. Le titre a quelque chose de prophétique. Un an et demi plus tard, Frederik de Klerk, succède à Pieter Willem Botha à la tête du pays, l'ANC est à nouveau autorisé et Mandela est libéré quelques jours plus tard, le 11 février 1990. Les deux hommes collaborent afin de faire sortir leur pays d'un demi-siècle d'histoire sanglante et honteuse et de bâtir une nation qui, dégagée de l'oppression de la minorité blanche sur la majorité noire, s'imagine, selon le souhait de Desmond Tutu, aux couleurs de l'arc-en-ciel.

POUR ALLER PLUS LOIN

Christophe Traïni, *La Musique en colère*, Presse de Sciences Po, 2008.

Lloyd Bradley, *Sounds Like London: 100 Years of Black Music in the Capital*, Profile Books, 2013.

« Ami, entends-tu ? »

Le chant des marais

L'extraordinaire ordinaire des camps

Allemagne (1933)

Wohin auch das Auge blicket,
Moor und Heide nur ringsum,
Vogelsang uns nicht erquicket,
Eichen stehen kahl und krumm

Où que nous regardions
Il n'y a que marécage et prairie tout autour
Aucun ramage pour nous réjouir
Des chênes sont debout, chauves et tordus

[Refrain]
Nous sommes les soldats des marais
Qui portons nos bêches

Ici, dans cette lande aride
Le camp est installé
Ici, nous sommes sans joie aucune

Le matin les convois défilent
Vers les marais, au travail,
Creusent sous le soleil brûlant
Mais l'esprit tourné vers la patrie

Vers le bercail, vers le bercail
Vers les mères, les femmes et les enfants
Certains d'entre nous soupirent
Car nous sommes prisonniers ici

Les sentinelles vont et viennent
Aucun, aucun de nous ne peut s'échapper
La seule fuite possible, c'est la mort
Quatre clôtures entourent la forteresse

Cependant nous ne nous plaindrons pas
L'hiver ne peut pas durer pour l'éternité
Et un jour nous nous dirons :
« Patrie, tu es encore à nous. »

Et alors les soldats des marais
Ne porteront plus leurs bêches

JOHANN ESSER ET WOLFGANG LANGHOFF,
TRADUCTION DE MAX WINTERSPERGER.

«LE CHANT DES MARAIS» (initialement intitulé «*Börgermoorlied*») a été composé quelques mois à peine après la nomination d'Adolf Hitler au poste de chancelier allemand par le président Hindenburg, le 30 janvier 1933, dans des circonstances et conditions tout à fait extraordinaires.

À peine arrivée au pouvoir, la machine oppressive nazie prend rapidement ses marques; ses cibles sont bien identifiées. Parmi elles, les Juifs et les communistes – certaines personnes étant évidemment les deux à la fois. Les nazis ont précocement développé l'idée d'un complot judéo-bolchevique pour mieux faire avancer leurs idées antisémites et éliminer leurs opposants politiques. Dans l'Allemagne des années 1930, le KPD (Parti communiste allemand) est, en effet, le principal parti d'opposition au NSDAP (Parti national-socialiste des travailleurs allemands).

En février 1933, lorsque le Reichstag (Parlement allemand) est volontairement incendié quelques jours avant la tenue des élections législatives, l'occasion est trop belle pour Hitler et ses partisans qui s'empressent de faire porter le chapeau au Parti communiste. Dans la foulée, une batterie de mesures liberticides est immédiatement adoptée. Les organisations politiques, syndicales, la presse communiste en sont les cibles centrales. La chasse aux militants est enclenchée. Pour pouvoir les emprisonner, les rééduquer par le travail, un premier camp de concentration permanent est ouvert à Dachau en mars 1933. Le site, entouré de barbelés, permet l'incarcération et la mise au travail forcé, sous bonne garde des SS, de quelque 5 000 prisonniers; dans les premiers temps, essentiellement des opposants politiques, soumis à des règlements iniques et arbitraires.

D'autres camps sont ouverts dans les mois qui suivent sur ce modèle initial. Parmi eux celui de Börgermoor, en Basse-Saxe. Le 22 juin 1933, 90 prisonniers arrivent depuis Dusseldörf dans ce pays marécageux de l'Ems, situé au nord-ouest de l'Allemagne, à la frontière avec les Pays-Bas. Alors qu'il n'y a que deux baraquements disponibles, les détenus en construisent rapidement huit de plus de façon à augmenter les capacités d'internement du site : avec 10 baraques de 100 places, Börgermoor pourra accueillir au cœur de l'été 1 000 prisonniers (le nazi aime la division qui tombe juste et l'optimisation des espaces). À partir de juillet 1933, le camp est ouvert et 80 % de sa population carcérale est constituée de communistes. Quelques prisonniers juifs y sont déplacés depuis le camp d'Oranienburg, en septembre de cette année-là ; 150 membres de la SS (contre seulement 20 en juin) encadrent les prisonniers.

Le camp de Börgermoor doit son nom à son environnement, plat pays de landes et de marais. Comme dans la plupart, voire la totalité de ces structures, les nazis utilisent la musique et le chant pour discipliner les prisonniers, parfois aussi pour les oppresser – les geôliers de Guantanamo n'ont pas été très inventifs en la matière. Chaque jour, sous escorte, les détenus groupés par brigades de 30 à 40 personnes, effectuent deux bonnes heures de marche à travers ce paysage peu engageant. Arrivés à destination, une partie d'entre eux creuse toute la journée des tranchées, des fossés, des rigoles, des trous, les pieds dans la boue et l'eau; ils aménagent des digues, tandis que d'autres manient des brouettes pour charger et transporter la tourbe. Puis il faut retourner au camp à pied, toujours sous surveillance. Les SS autorisent, voire encouragent le chant pour accompagner les longues marches, aller et retour, et le travail forcé des prisonniers. Les journées sont harassantes, les nuits courtes, la nourriture pauvre et insuffisante.

En dépit ou à cause de ce quotidien, des détenus du camp de Börgemoor ont donné naissance au «Chant des marais» dont les paroles témoignent parfaitement de celui-ci. Son processus de création est bien documenté. À l'été 1933, les camps nazis ne font pas encore système, peu sont encore ouverts et Börgermoor est encore en travaux. Les geôliers autorisent un court repos dominical de deux heures aux prisonniers qui l'utilisent, dans un premier temps, à fumer et discuter, recréant un peu de lien social et de chaleur humaine dans ce lieu qui en est dépourvu. Assez vite, l'idée circule entre les baraquements de mettre davantage à profit ce peu de temps libre. Le comédien Wolfgang Langhoff rencontre le mineur Johann Esser, lui aussi communiste et versé dans la poésie. Ensemble, ils évoquent l'idée d'un chant qui puisse être partagé par l'ensemble du camp. Esser rédige six strophes qui en seront les paroles, Langhoff les retouche et Rudi Goguel, un autre camarade, en affine la mélodie.

Au dernier dimanche d'août, les détenus du camp produisent trois heures durant, un spectacle de cirque auquel les gardes viennent assister: acrobaties, jonglage, mime et musique s'enchaînent avec peu de moyens mais vraisemblablement plus de joie au cœur qu'à l'ordinaire. Des chants entonnés à plusieurs voix clôturent l'événement: le dernier est *«Börgermoorlied»*. Goguel témoigne: «Nous chantions, et dès la deuxième strophe, les quelque mille prisonniers commencèrent à fredonner le refrain avec nous. De strophe en strophe, le refrain s'intensifiait et, à la dernière strophe les SS, qui étaient là avec leur commandant, chantaient, en harmonie avec nous, parce qu'ils se sentaient manifestement interpellés eux aussi comme "soldats du marais".» Les paroles d'Esser sont pourtant âpres quand il s'agit de décrire le sort réservé par les nazis aux détenus du camp.

Et Langhoff de compléter: «Les SS étaient, pour ainsi dire, nos invités. Nous autres, qui ne menions plus une vie d'hommes, nous avions osé, pendant quelques heures, décider nous-mêmes de nos actes, sans avoir à obéir à des ordres ou à des instructions, exactement comme si nous avions été nos propres maîtres et comme si le camp de concentration n'avait jamais existé.» Pour inattendu que cela puisse être, la musique et le chant jouent donc un rôle central dans la vie des prisonniers. La question étant aujourd'hui bien documentée par les historiennes et historiens, on sait que l'une et l'autre étaient présents dans nombre de structures concentrationnaires: orchestres, pratiques musicales et chants furent des lumières au plus noir de la nuit mais aussi, parfois, des outils de torture. Dans cet extraordinaire ordinaire des camps, «Le chant des marais» est parfois appelé «Le chant des déportés», cette dénomination englobant tous les autres chants (d'autres *Lagerlieder,* ou hymnes des camps, seront ensuite composés à Sachsenhausen, à Dachau ou encore à Buchenwald) du fait qu'il fut le premier créé mais pas uniquement. En effet, la suite de son parcours est aussi inattendue que les circonstances de sa création.

Peu après cette représentation circassienne donnée au camp de Börgermoor, «Le chant des marais» entame une seconde vie. En septembre 1933, Hanns Kralik, un des détenus communistes du camp, en donne une version écrite au dos d'une carte postale à sa femme. Celle-ci, avec d'autres épouses, a obtenu ce privilège de haute lutte; elle repart avec et le chant se diffuse dans les milieux antinazis de Düsseldorf. Le *«Börgermoorlied»* circule à l'intérieur du système concentrationnaire nazi: au fur et à mesure de son extension, des déplacements ou de nouvelles incarcérations de prisonniers, le chant est approprié et entonné. Il devient un point de repère de la résistance aux nazis. En avril 1934, Langhoff, libéré, gagne la Suisse depuis laquelle il publie peu après un témoignage sur son enfermement au camp de Bögermoor qui est un succès d'édition. Différents journaux européens en reproduisent des versions traduites; il est également diffusé sur les ondes praguoises. À Londres, la trajectoire du chant opère une nouvelle bifurcation: un autre rescapé du camp y rencontre le compositeur Hanns Eisler, qui en fit, selon les mots de l'historienne de l'art Élise Petit, une «tradaptation» que son comparse, le chanteur Ernst Busch, peut interpréter. Dans cette nouvelle version qui comporte moins de couplets, l'esprit du modèle initial est respecté mais la liberté supplante la patrie comme horizon d'attente; les possibilités d'appropriation du chant sont dès lors plus vastes, toutes celles et ceux privés de liberté peuvent s'y retrouver.

Par la suite, l'assise sociale du chant ne faiblit guère: il circule beaucoup parmi les associations d'anciens déportés et dans les milieux ou pays communistes, par exemple en RDA. Puis, dans les années 1970, « Le chant des marais » s'offre une nouvelle jeunesse lorsque les militantes féministes du MLF (Mouvement de libération des femmes) décident d'en reprendre l'air pour composer « L'hymne des femmes ». Au fil de leurs mobilisations, jusqu'à nos jours avec #MeToo et l'accent mis sur la lutte contre les violences sexistes et sexuelles, la mélodie née dans le camp de Börgermoor continue de rythmer les aspirations à plus de libertés des jeunes générations de femmes engagées pour défendre leurs droits et en conquérir de nouveaux. Avec la disparition progressive des victimes de la déportation, les usages mémoriels du « Chant des marais » se font de plus en plus courants. Il accompagna le cercueil de Simone Veil, en 2017, dans la cour des Invalides lors de l'hommage national qui lui était rendu. Il fut récemment entonné pour les cérémonies de commémoration des quatre-vingts ans du Débarquement. Sa postérité semble partie pour durer.

Ernst Busch, engagé dans les Brigades internationales, popularisa le chant au sein des soutiens étrangers aux républicains espagnols antifranquistes. Le chanteur africain-américain Paul Robeson en donne une version anglophone intitulée *« The Peat-Bog Soldiers »*; il l'interprète d'abord à Londres dans des concerts de soutien à la cause républicaine. Brigadiste, membre de l'*Abraham Lincoln Brigade*, il la chante également de l'autre côté des Pyrénées en 1938. Ernst Bush, quant à lui, les retraverse en juillet lors de la *Retirada*, cet exode massif de civils espagnols fuyant la victoire du franquisme. Résistant, il est arrêté par la Gestapo et déporté dans différents camps du sud de la France, puis incarcéré dans des prisons allemandes. Durant cette période, le *« Börgermoorlied »* trouve sa déclinaison française, devenant « Le chant des marais ». Il prend dans le filet de ses mots et de ses notes la constellation communiste et ses sympathisants antifascistes, antinazis, antifranquistes, engagés dans la lutte contre l'oppression des extrêmes droites européennes. De ce fait, le chant se retrouve dans les camps de concentration où ces opposants seront internés jusqu'à la fin du conflit.

POUR ALLER PLUS LOIN

Élise Petit, « "Le Chant des Marais" : Histoire et parcours international d'un hymne concentrationnaire universel », *Témoigner : Entre histoire et mémoire*, n° 129, 2019, p. 101-111.

Clément Garcia, « La musique partout, tout le temps », hors-série *L'Humanité*, « Dans l'enfer des camps », 2025/1, p. 117.

Zot Nit Keynmol

Liza appelle !

Ghetto de Vilnius, Lituanie (1943)

Zog nit keyn mol, az du geyst dem letstn veg,
ven himlen blayene farshteln bloye teg.
kumen vet nokh undzer oysgebenkte sho,
s'vet a poyk ton undzer trot : mir zaynen do !

Ne dis jamais que c'est ton dernier chemin
Malgré les cieux de plomb qui cachent le bleu du jour
Car sonnera pour nous l'heure tant attendue
Nos pas feront retentir ce cri : « Nous sommes là. »
Car sonnera pour nous l'heure tant attendue
Nos pas feront retentir ce cri : « Nous sommes là. »
Du vert pays des palmiers jusqu'au
pays des neiges blanches
Nous arrivons avec nos souffrances et nos douleurs
Et là où est tombée la plus petite goutte de sang
Jailliront notre héroïsme et notre courage
Et là où est tombée la plus petite goutte de sang
Jailliront notre héroïsme et notre courage

Le Soleil illuminera notre présent
Les nuits noires disparaîtront avec l'ennemi
Et si le Soleil devait tarder à l'horizon
Ce chant se transmettra comme un appel (bis)

Ce chant n'a pas été écrit avec un
crayon mais avec du sang
Ce n'est pas le chant d'un oiseau en liberté :
Un peuple entouré de murs qui s'écroulent
l'a chanté, Nagant à la main (bis)

C'est pourquoi ne dis jamais que c'est ton dernier chemin
Malgré les cieux de plomb qui cachent le bleu du jour
Car sonnera pour nous l'heure tant attendue
Nos pas feront retentir ce cri : « Nous sommes là. »
Car sonnera pour nous l'heure tant attendue
Nos pas feront retentir ce cri : « Nous sommes là. »

Paroles de Hirsch Glik (traduction :
http://www.chambre-claire.com/
paroles/Partzanenlied.htm)
musique de Dmitri and Daniel Pokrass

LES MOTS QUI PRÉCÈDENT tordent le cou à l'assertion selon laquelle, au cours de la Seconde Guerre mondiale, les Juifs d'Europe se seraient laissés mener à l'abattoir comme des moutons, sans opposer la moindre résistance. Ils proviennent d'une chanson écrite par Hirsch Glik. Ce jeune poète talentueux de Vilnius, alors polonaise, appartient avant-guerre au groupe littéraire *Yung Vilne*; il milite au sein de l'*Hashomer Hatzaïr*, un mouvement de jeunesse sioniste de gauche. Après l'opération Barbarossa, qui voit déferler les troupes du IIIe Reich sur son pays en juin 1941, Glik, alors âgé de vingt et un ans, est, avec les Juifs de la ville, enfermé dans le ghetto. Il y compose « *Zot Nit Keynmol* » (« Ne dis jamais », לאמ ןייק טינ גאז en yiddish), aussi appelé « *Partizanen Lied* » (« Chant des partisans »). Pour mieux comprendre la genèse de l'œuvre, une plongée dans les riches heures de la « Jérusalem du Nord » s'impose.

Vilna dans l'empire russe, Wilno dans la Pologne de l'entre-deux-guerres, Vilnius la lituanienne, puis soviétique, Wilna sous le joug nazi, les appellations successives de la ville témoignent de l'histoire mouvementée de ce territoire situé aux confins d'empires et de régimes politiques antagonistes.

À la veille de la Seconde Guerre mondiale, les Juifs représentent le tiers d'une population urbaine majoritairement polonaise (65 %). Haut lieu de la culture yiddish, Wilno abrite des écoles d'étude de la Torah (*yeshivas*) et de prestigieuses bibliothèques, dont les riches rayonnages témoignent d'une vigoureuse vie intellectuelle. En 1897, la ville est aussi le lieu de fondation du Bund, un mouvement prônant l'avènement du socialisme, le développement de la culture yiddish en diaspora, ainsi que l'autodéfense face aux pogroms.

En vertu du pacte germano-soviétique de 1939, l'Armée rouge pénètre dans la partie orientale de la Pologne, où se trouve Wilno. Pour quelques mois, les Russes cèdent la ville à la Lituanie, avant de l'occuper en juin 1940. La brutalité de cette annexion soviétique, marquée par la déportation de milliers de nationalistes et l'assassinat de certains d'entre eux, suscite un profond ressentiment. En juin 1941, beaucoup de Baltes accueillent donc les nazis comme des libérateurs lorsqu'ils attaquent l'URSS. Par ailleurs, l'occupation russe accroît l'antisémitisme traditionnel d'une population qui reproche à tous les Juifs la collaboration de certains avec les autorités communistes. Aussi, dès leur entrée dans Wilna, les nazis s'appuient sur la collaboration active et zélée des nationalistes lituaniens. Dès les premiers jours de l'invasion de la Wehrmacht, ces « captureurs » traquent et tuent.

En septembre 1941, les autorités allemandes enferment les populations juives dans deux ghettos et conduisent chaque jour les individus jugés aptes au travail forcé dans des usines et camps situés aux portes de la ville. Quand ils ne sont pas tués sur place, les malades, les infirmes ou ceux qui ne possèdent pas le laissez-passer distribué aux travailleurs, sont raflés dans le cadre d'opérations surprise, puis fusillés au bord des fosses de Ponar, à 10 kilomètres de Vilnius.

Dans le ghetto, une résistance se met très tôt en place. Elle est notamment le fait d'Abba Kovner, jeune militant de l'*Hashomer Hatzaïr*. Réfugié dans un couvent à l'arrivée des Allemands, il a été informé des tueries à l'œuvre et en déduit un possible plan hitlérien d'extermination systématique des Juifs. Dans la nuit du Nouvel An 1942, il lance un vibrant « Appel aux armes ». « Ne vous laissez pas conduire à l'abattoir comme des moutons, jeunesse juive. [...] Hitler veut tuer tous les Juifs d'Europe. [...] Frères, mieux vaut tomber en combattant libres que survivre à la merci des assassins, résistez. Défendons-nous jusqu'au dernier souffle ! » Avec d'autres, il crée la Fareynikte Partizaner Organizatsye (FPO) : une organisation unifiée des partisans, rassemblant bundistes, sionistes de gauche, puis communistes.

Interprétées sur un air de marche emprunté à une chanson composée pour un film soviétique par Dmitri Pokrass en 1937, les paroles de Glik sont un écho poétique à l'appel aux armes d'Abba Kovner. Elles incitent à lutter, un « Nagant à la main », fameux revolver de fabrication soviétique. Le chant tient de l'acte de foi en la survie d'un « peuple entouré de murs qui s'écroulent ». « Là où est tombée la plus petite goutte de sang jailliront notre héroïsme et notre courage », clame le poète ; pour lequel l'oppression et l'enfermement galvanisent des combattants convaincus que « les nuits noires disparaîtront avec l'ennemi ». Ainsi, douleur et souffrance n'entravent en rien la pugnacité de partisans mus par l'espoir de tenir, pour voir le « Soleil » briller de nouveau dans le « bleu du jour ». Quand sonnera « l'heure tant attendue » de la libération, tous souhaitent pouvoir crier : « Nous sommes là. » En attendant ce jour, aux heures les plus sombres, ce chant, transmis d'âge en âge, a pour ambition d'entretenir l'esprit de résistance.

Le «*Partizanen Lied*» démontre qu'en dépit de conditions d'existence effroyables, les Juifs du ghetto, promis à la destruction par les nazis et leurs sbires, s'accrochent autant qu'ils le peuvent à la création artistique. Alors que la mort rôde, la poursuite des activités culturelles clandestines constitue non seulement un moyen de résistance spirituelle aux persécutions, mais permet aussi de contrer la déréliction. Ainsi, Avrom Sutzkever et Shmerke Kaczerginski, tous deux poètes engagés dans la FPO, s'attachent, en plus de la lutte armée, à la sauvegarde de l'héritage intellectuel des Juifs de Vilnius. Contraints par les nazis d'intégrer une «brigade de papier» chargée du pillage des manuscrits précieux des très riches bibliothèques de la ville, les deux hommes réussissent à cacher ces trésors dans les planques du ghetto. Dans le même esprit, Kaczerginski y collecte les chansons yiddish composées ou entendues au cours de la guerre. Survivant à sa liquidation, il publiera en 1948 une anthologie rassemblant le répertoire ainsi sauvé. L'enfermement, la peur des rafles et de la disparition traversent ses poèmes. Dans «*Shtiler shtiler*», une mère décrit à son enfant le sordide quotidien du ghetto et le sort promis à tous: «Silence, silence, il faut se taire. Ici poussent les tombes [...] les ennemis les ont plantées. Tous les chemins mènent à Ponar, mais aucun n'en revient.» Le poème, mis en musique par un enfant à l'occasion d'un concours musical organisé dans le ghetto, deviendra après-guerre un classique de la chanson yiddish.

« Comme des moutons à l'abattoir »

L'expression a longtemps été utilisée pour décrire la passivité supposée des Juifs face à la Shoah. En 1948, le nouvel État d'Israël prend le contrepied de cette assertion, exaltant au contraire les nombreuses formes de résistances (armée comme celle du Ghetto de Varsovie en 1943, intellectuelle, artistique) à l'anéantissement, quitte à négliger tous ceux qui ne rentraient pas dans cette grille de lecture. Désormais, la mémoire collective tient davantage compte de la complexité des situations vécues pendant le génocide, car préserver sa dignité dans des conditions d'existence inhumaines, c'est déjà résister à la mort et à l'effacement.

En parallèle de cette résistance culturelle, à l'intérieur du ghetto, le FPO organise la lutte armée. La tâche est immense. Il faut se procurer des armes, saboter la machine de guerre nazie, surveiller l'ennemi pour mieux le frapper, protéger les habitants enfermés, assurer la liaison avec le monde extérieur, notamment les ghettos de Bialystok ou Varsovie. Dans cette lutte, les femmes occupent une place de choix. Vitka Kempner pose des mines et fait dérailler les convois ferroviaires allemands. Rozka Korczak, Zelda Treger et Liza Magun, agents de liaison intrépides, maintiennent le contact entre les résistants planqués dans et hors du ghetto, acheminent des armes, facilitent les évasions vers les campements de partisans situés dans les forêts alentour et s'y occupent de la logistique. Après la capture et l'assassinat de Magun, ses camarades du FPO adoptent comme cri de ralliement : « Liza appelle ! »

À l'heure où Himmler réclame des SS la liquidation des ghettos à l'Est, l'étau se resserre. En juillet 1943, le chef de la Gestapo en charge de Vilnius exige la reddition de Yitzhak Wittenberg, dirigeant communiste du FPO caché dans le ghetto. Un cruel dilemme se pose aux internés : faut-il faire front, comme le suggèrent les tenants de la lutte, ou sacrifier un individu pour en sauver des milliers, comme le présente le *Judenrat* – le Conseil juif. La seconde option semble l'emporter lorsque le résistant, de son propre chef, se rend à la Gestapo, qui le tue aussitôt. Loin de l'effet escompté, la reddition ne constitue qu'une étape dans les nombreuses exactions perpétrées par les bourreaux. En août, les nazis déclenchent de nouvelles rafles. Le 1er septembre, ils encerclent le ghetto, ce qui incite le FPO à lancer l'insurrection. « Liza appelle ! » Mais, face à l'hostilité d'une partie de la population et conscients du déséquilibre des forces, les partisans s'enfuient in extremis par les égouts, pour mieux mener le combat depuis les bases de partisans installées dans les forêts avoisinantes. Lors de la liquidation du ghetto, le 23 septembre, les nazis expédient les femmes et les enfants à Sobibor ou Majdanek ; les hommes dans des camps de travail estoniens. Glik figure parmi eux, mais parvient à s'enfuir, avant de disparaître, sans doute repris et fusillé.

Depuis la forêt de Narotsh, les combattants échappés du ghetto poursuivent la lutte au sein du campement de partisans juifs *Nekome* (« Vengeance ») dirigé par Kovner et placé sous commandement soviétique. Le 13 juillet 1944, à l'arrivée de l'Armée rouge, ces partisans entrent les premiers dans la ville et engagent l'assaut final contre les Allemands barricadés. La ville ne compte alors plus que 2 000 survivants sur les 60 000 habitants juifs d'avant-guerre. Ces rescapés sortent de leurs planques. De leur côté, Sutzkever et Kaczerginski s'emploient à exhumer les ouvrages dissimulés.

«*Zot Nit Keynmol*» survit à son auteur. Adopté par les partisans juifs, puis traduit en hébreu en 1945 par le poète Abraham Shlonsky, le chant s'impose après-guerre comme l'hymne du 27 janvier, le jour du souvenir dédié aux victimes de la Shoah en Israël. Glik, issu d'un peuple qui a beaucoup souffert et que les nazis voulaient exterminer, sut trouver les mots. Du fin fond de l'abîme, alors qu'il venait d'apprendre le soulèvement du ghetto de Varsovie, il sut entretenir l'espoir et susurrer à l'oreille de celui qui aurait pu renoncer : « Ne dis jamais que c'est ton dernier chemin. »

Pour aller plus loin

Avrom Sutzkever, *Le Ghetto de Wilno, 1941-1944*, Denoël, 2013.

La complainte du partisan

L'autre chant de la Résistance

France (1943)

Les Allemands étaient chez moi
On m'a dit : « Résigne-toi. »
Mais je n'ai pas pu
Et j'ai repris mon arme

Personne ne m'a demandé
D'où je viens et où je vais
Vous qui le savez
Effacez mon passage

J'ai changé cent fois de nom
J'ai perdu femme et enfants
Mais j'ai tant d'amis
Et j'ai la France entière

Un vieil homme dans un grenier
Pour la nuit nous a cachés

Les Allemands l'ont pris
Il est mort sans surprise

Hier encore nous étions trois
Il ne reste plus que moi
Et je tourne en rond
Dans la prison des frontières

Le vent passe sur les tombes
La liberté reviendra
On nous oubliera
Nous rentrerons dans l'ombre

PAROLES D'EMMANUEL D'ASTIER DE LA VIGERIE,
MUSIQUE D'ANNA MARLY

AU PRINTEMPS 1943, lors d'un de ses séjours à Londres, alors capitale des Forces françaises libres (FFL), Emmanuel d'Astier de La Vigerie rencontre la guitariste Anna Marly. La jeune femme, née en Russie en 1917, a fui sa terre natale après que les bolcheviks ont fusillé son aristocrate de père, le baron Betoulinsky. Marly est donc le nom de scène d'Anna, choisi pour ses débuts dans la chanson. Ceux-ci se déroulent à Paris, ville dans laquelle elle a trouvé refuge après un détour par Menton où vivait une importante communauté russe en exil. Anna Marly compose à la guitare. Alors qu'elle a gagné Londres dès 1940 et s'est portée volontaire pour être cantinière des FFL, elle continue de jouer sur scène, de composer et prêter sa voix pour les émissions de la BBC. En 1942, les combats héroïques des partisans soviétiques lui ont inspiré ce qui deviendra dans la bouche du général de Gaulle, « La Marseillaise de la Résistance », « La marche » ou « Le chant du partisan ». Le texte initialement rédigé en russe par la guitariste, est traduit en français par Maurice Druon et Joseph Kessel ; la mélodie, avec son introduction sifflée, s'installe sur les antennes insoumises de la radio anglaise. Avec Emmanuel d'Astier de La Vigerie, Anna Marly tient un nouveau parolier pour mettre des mots sur une autre de ses compositions musicales. L'homme s'est déjà essayé à l'écriture, d'abord en tant que romancier, sans trop de succès, puis comme journaliste, avant-guerre – activité qu'il poursuit sous d'autres formes, lors des premières années du conflit. Il a aussi beaucoup fréquenté les milieux littéraires et intellectuels de l'entre-deux-guerres. Il connaît d'ailleurs bien Joseph Kessel avec qui il partage un goût prononcé pour les opiacés. À Londres, il écrit les paroles pour la mélodie composée par Anna Marly. Avec le « troubadour de la Résistance » (surnom de la compositrice), il donne naissance à « La complainte du partisan ».

Le texte, sobre et sombre, se nourrit de l'expérience dans la résistance de son auteur. Issu d'une famille aristocratique, avec un père officier et une mère grenouille de bénitier qui faisait partie de la *fan base* de l'Action française, d'Astier de La Vigerie aurait pu tomber du côté obscur de la force au printemps 1940. Avant-guerre, quelques articles du journaliste publiés dans *Marianne* dégagent encore quelques effluves antisémites, probable héritage du conservatisme familial. Pourtant, comme quelques autres au début du conflit, la guerre fait basculer d'Astier dans le refus net et définitif ; selon Pascal Copeau, qui lui succède à la tête du mouvement Libération-Sud, la défaite a opéré sur lui « le foudroiement de la transgression ». Ce sera donc un basculement sans retour.

La guerre a débuté en septembre 1939 et, moins d'un an plus tard, une large partie de l'Europe de l'Est et du Nord est passée sous le joug nazi. Attaquée en mai 1940, l'armée française est rapidement mise en déroute. La moitié Nord du pays est occupée et Philippe Pétain annonce l'arrêt des combats par un discours radiodiffusé le 17 juin 1940.

En juillet 1940, d'Astier de La Vigerie est officier de marine, basé à Marseille. Démobilisé, il ne se résout pas à la capitulation. Avec quelques camarades (Lucie Aubrac agrégée d'histoire, le philosophe Jean Cavaillès, cacique d'Ulm et Georges Zérapha, banquier et ancien de la Lica – Ligue internationale contre l'antisémitisme fondée en 1929, devenue Licra en 1980), il entre en résistance. Quelques attentats ciblés contre des partisans de Pétain et des actions de contre-propagande sont les premiers faits d'armes de cette Dernière Colonne. Le groupe, dans ses choix et son organisation, ne diffère guère du modèle partagé par cette résistance de la première heure qui agglomère des individus refusant la défaite, l'occupation, la collaboration. Rapidement, les effectifs s'étiolent ; Emmanuel d'Astier de La Vigerie est menacé par un mandat d'arrêt. Désormais clandestin dans son propre pays, il devient « Bernard ». Au printemps 1941, entouré des mêmes camarades, il donne vie au journal clandestin *Libération* dont l'audience ne cesse de croître, bénéficiant de puissants relais parmi les socialistes et les syndicalistes, notamment de la CGT : le premier numéro comporte quatre pages (21 x 27 cm) pour 5 000 exemplaires. À l'automne 1942, on en est à 20 000 exemplaires, pour atteindre les 100 000 au 1er semestre 1943. L'édition de ce titre de presse structure les activités du mouvement qui se diversifient entre actions militaires, fabrication de faux papiers, contre-propagande. Libération-Sud devient, avec *Franc-Tireur* et *Combat*, l'un des trois principaux mouvements de résistance en France. D'Astier, lui, après ses allers-retours londoniens, s'établit à Alger pour investir des fonctions politiques et préparer l'après.

La trajectoire d'Emmanuel d'Astier de La Vigerie au sein de la Résistance dit à quel point il est un intellectuel et un lettré : son engagement se concrétise dans la production d'écrits – papillons, tracts, journaux et articles. Il n'y a donc rien d'illogique à ce qu'il prenne le temps d'écrire un texte pour la mélodie d'Anna Marly au milieu de tout ce tumulte. La mention des Allemands dans les paroles plante le contexte historique de la « La complainte du partisan ». Le texte donne un portrait anonyme, ordinaire, sacrificiel mais sans héroïsme d'un résistant, ou d'un partisan. Le vocabulaire a son importance puisqu'à la date où est composée la chanson, les combattants soviétiques portent, au bout de leurs fusils, l'espoir d'une libération prochaine de l'Europe dont dépendra celle de la France. La fermeté de l'engagement, la lucidité quant aux dangers encourus, s'énoncent sans émotion. C'est la guerre et c'est ainsi. À l'heure du choix, l'évidence s'impose et la plus haute éthique conduit à prendre les armes pour rejoindre « l'armée des ombres ». Plus de nom, plus de domicile, plus de famille, plus d'amis, plus de traces : c'est une rupture totale avec la vie d'avant. Le danger est partout, pour les camarades (« Hier encore nous étions trois / Il ne reste plus que moi »), pour celles et ceux qui aident ou qui cachent, tel ce « vieil homme » pris par les Allemands qui l'exécutent « sans surprise ». Seule note d'espoir, cette conviction profonde que les liens qui unissent ces camarades de lutte contre l'oppresseur valent bien des sacrifices.

Ils sont la seule France légitime, « la France entière ». Il reviendra aux historiennes et historiens de préciser les importantes variations d'effectifs au sein de la Résistance, les modalités d'engagement variées et fluctuantes, de dire les atermoiements de beaucoup de Françaises et Français qui préfèrent ne pas choisir et se maintenir dans ce que l'historien Pierre Laborie qualifie de « penser double » ou « vivre double » ; c'est-à-dire dans une vie de façade qui permet de traverser l'épreuve de la guerre tout en désobéissant à l'occasion. Pour l'heure, la force de « La complainte » est d'avoir désacralisé le « partisan », d'en avoir fait un modèle anonyme transposable, d'une force morale incomparable, au service d'une cause qui efface l'intérêt individuel pour sublimer et porter celle du collectif.

Emmanuel d'Astier de La Vigerie pense que le partisan restera un *unsung heroe*, que l'on oubliera, une fois la liberté revenue. Mauvaise prédiction, cher Emmanuel ! En effet, votre texte, à quelque chose près, a continué d'être dit en musique longtemps après la guerre ; il faut dire que cette dernière, sous diverses formes, n'a jamais vraiment disparu du quotidien de l'humanité. Est-ce cela qui lui a octroyé une si longue vie ? Possible. Est-ce l'engouement pour les textes engagés entonnés à la guitare sèche qui a saisi une nouvelle génération de chanteurs et chanteuses en quête d'héroïsme populaire à l'aube des *Sixties* ? Probable. Est-ce le hasard ? Sans doute un peu de tout cela à la fois. Toujours est-il qu'un certain Hy Zaret donne, après-guerre, une traduction en langue anglaise de « La complainte du partisan » – chose assez improbable si l'on songe que cet homme de la Tin Pan Alley, est surtout connu pour avoir écrit, en 1955, la sirupeuse « *Unchained Melody* ». Mais qui pour chanter cette adaptation de « La complainte du partisan » ? Leonard Cohen (ce guitariste aux airs de chien battu en maîtrise déjà la mélodie qu'il aurait appris à jouer en camp de vacances alors qu'il n'était qu'adolescent) est le meilleur candidat. Issu d'une famille juive d'Europe de l'Est, Cohen est poète et écrivain avant d'être musicien. Jusqu'au milieu des années 1960 où il se fixe à New York, c'est un Canadien errant de Londres à Dublin, puis la Grèce et l'île d'Hydra. Le succès lui vient avec « Suzanne », un titre qu'il a composé et qu'interprète la populaire chanteuse Judy Collins. On le trouve sur son premier album : *Songs of Leonard Cohen* (1967). Deux ans plus tard, « La complainte du partisan », devenue « *The Partisan* », est enregistrée à Nashville sous la conduite de Bob Johnston, producteur de Johnny Cash et Bob Dylan. Avec Cohen, on tient là une sorte de sainte trinité.

L'Affiche rouge

Certains chants de lutte de la Seconde Guerre mondiale sont devenus des tubes mémoriels. « L'Affiche rouge » fait partie de ces chansons puissantes qu'Arthur Teboul, le chanteur de Feu! Chatterton, a reprises en 2024, à l'occasion de la panthéonisation des résistants Mélinée et Missak Manouchian. Elle a alors réussi à séduire un nouveau public, plus jeune. Le texte est écrit par Louis Aragon, dans « Strophes pour se souvenir » en 1955, et mis en musique par Léo Ferré six ans plus tard. L'Affiche rouge est, au départ, une affiche de propagande nazie publiée et diffusée en février 1944, visant à discréditer les FTP-MOI (Francs-tireurs et partisans

– main-d'œuvre immigrée). Sur celle-ci, des portraits en noir et blanc de résistants, pour la plupart juifs ou étrangers, surplombant des clichés montrant des actes violents commis par cette « armée du crime ». Vingt-trois d'entre eux ont été arrêtés, condamnés à mort et exécutés le 21 février 1944 au mont Valérien. Depuis, Aragon et Ferré ont permis de faire de cette affiche une chanson et un symbole fort de la Résistance : des étrangers ont défendu, au péril de leur vie, les valeurs de la France. Dans le contexte actuel, cette histoire n'arrange pas l'extrême droite qui aime utiliser l'argument de l'immigration comme la cause essentielle de tous les problèmes. Aussi, l'entrée au Panthéon de Mélinée et Missak Manouchian le 21 février 2024, demeure un hommage fort et la nouvelle version de « L'Affiche rouge » a, en quelque sorte, repris du service.

L'album *Songs from a Room* (second volet d'un triptyque dont le dernier opus sort en 1971 et s'intitule *Songs of Love & Hate*) confirme l'audience grandissante du « barde des meublés ». Cohen a beaucoup traîné à New York : il s'est lié au Velvet Underground, a logé au Chelsea Hotel, s'est fait connaître et reconnaître dans ces milieux bohèmes et contestataires. Sa voix grave et traînante, son air sombre et préoccupé qui lui a valu le surnom caustique de « Laughing Len », se prête particulièrement bien au sujet et à son interprétation. À Nashville, *« The Partisan »*, parfois appelé *« The Partisan Song »*, fut le premier titre du futur album enregistré. En studio, la voix de Leonard Cohen, selon un procédé déjà testé avec celle de Johnny Cash, est captée par trois microphones et densifiée par l'utilisation de réverbérations à plaques. À la première écoute, le producteur décrit le résultat obtenu en ces termes : « Sa voix avait l'amplitude d'une montagne. » Avant de la fixer définitivement, Bob Johnston fait un rapide aller-retour à Paris. Il y enregistre un chœur de trois chanteuses d'expression française accompagné d'un accordéoniste qui sera ensuite mixé à la voix de Leonard Cohen. Et le tour est joué : *« The Partisan »* est commercialisé en single pour le marché anglais et le magnifique *« Bird on a Wire »*, qui ouvre l'album, est sa face B. L'association peut paraître étonnante dans la mesure où ces deux morceaux furent ceux dont l'enregistrement fut le plus incertain et discuté. Le choix de commercialiser *« The Partisan »* en 45-tours est d'autant moins anodin que c'est un des rares exemples de chansons enregistrées par Leonard Cohen qu'il n'a pas lui-même composées.

L'insertion des trois couplets originaux écrits par d'Astier de La Vigerie, dits en français, au texte adapté en anglais par Hy Zaret qui ne mentionne plus « les Allemands », donne plus de force à sa version. Nous sommes en 1969 : la contre-culture s'épanouit sur les scènes des festivals états-uniens et européens ; on chante contre la guerre du Vietnam, contre le capitalisme, contre la ségrégation. La musique est le fioul de la contestation : elle fédère une jeunesse dont on dit qu'elle a la chance de ne pas avoir connu la guerre, contrairement à la génération précédente. Pourtant, pour une partie d'entre elle, la guerre constitue une menace palpable, concrète en Algérie ou au Vietnam. De Mexico au campus de Kent dans l'Ohio, elle expérimente des formes de répression légitimées par les États qui se réclament de la démocratie.

Leonard Cohen n'est ni à Woodtsock, ni sur les campus, mais il est de son époque. Une tournée européenne est programmée en 1970 pour promouvoir les chansons intimistes de *Songs from a Room* qui s'apprêtent à passer l'épreuve de la scène. Cohen vient chanter *«The Partisan»* dans quelques salles prestigieuses des capitales européennes (il remplit deux fois le Royal Albert Hall) et enchaîne les festivals. À Aix-en Provence, il arrive sur scène à dos de cheval; sur l'île de Wight, il se confronte à un public difficile et pléthorique. Totalement défoncé, il conquiert pourtant la foule avec laquelle il discute et qu'il embarque dans son univers. Au moment de jouer *«The Partisan»*, il dédie la chanson à «Joan Baez et à son magnifique travail». La reine du folk enregistre une nouvelle version du titre sur son album *Come from The Shadows* sorti en 1972. Entre-temps, Buffy Sainte-Marie, autre chanteuse du genre, insère une version rebaptisée *«The Song of the French Partisan»* dans son album *She Used to Wanna Be a Ballerina* (1971). Composée dans la clandestinité, la destinée de «La complainte du partisan» est celle d'un titre référence du tournant des années 1970. Il accompagne la conscientisation de la jeunesse occidentale dans ses contestations de nombreuses formes d'oppression.

Pour aller plus loin

Sylvie Simmons, *I'm your man: la vie de Leonard Cohen*, L'Échappée, 2018.

François Marcot (dir.), *Dictionnaire historique de la Résistance*, Bouquins, 2006.

Bella Ciao

Le business de la révolte

Italie (1944)

Una mattina mi sono svegliato,
O bella ciao, bella ciao, bella ciao ciao ciao,
Una mattina mi sono svegliato,
E ho trovato l'invasor.
O partigiano portami via,
O bella ciao, bella ciao, bella ciao ciao ciao,
O partigiano portami via,
Che mi sento di morire.

Un matin, je me suis réveillé,
O bella ciao, bella ciao, bella ciao ciao ciao,
Un matin, je me suis réveillé,
Et j'ai trouvé l'envahisseur.
Hé! partisan, emmène-moi,
O bella ciao, bella ciao, bella ciao ciao ciao,

Hé! partisan, emmène-moi,
Car je me sens prêt à mourir.

Et si je meurs en partisan,
O bella ciao, bella ciao, bella ciao ciao ciao,

Et si je meurs en partisan,
Il faudra que tu m'enterres.
Que tu m'enterres sur la montagne,
O bella ciao, bella ciao, bella ciao ciao ciao,

Que tu m'enterres sur la montagne,
À l'ombre d'une belle fleur.
Tous les gens qui passeront,
O bella ciao, bella ciao, bella ciao ciao ciao,

Et les gens qui passeront,
Me diront : « Quelle belle fleur. »
C'est la fleur du partisan,
O bella ciao, bella ciao, bella ciao ciao ciao,

C'est la fleur du partisan,
Mort pour la liberté.
Et son drapeau était rouge
O bella ciao, bella ciao, bella ciao ciao ciao,

Et son drapeau était rouge
Le drapeau du travail.
Et son drapeau était rouge
Le drapeau du travail.

AUTEUR INCONNU.

LE 24 SEPTEMBRE 2022, LA JEUNE IRANIENNE Yashgin Kiyani reprend, en farsi, la célèbre chanson italienne sur les réseaux sociaux, accompagné d'un #MashaAmini, pour clamer l'injustice, la liberté et la résistance à la dictature et la répression. «*Bella Ciao*» est cette chanson devenue la nouvelle «Internationale», chantée contre l'oppression en Iran ou ailleurs. Comme «L'Internationale», ce chant est un ralliement, un signal, qui rappelle que le cœur et la raison sont à gauche. Les usages de «*Bella Ciao*», devenue un hymne, ont parfois dépassé les luttes comme lorsqu'elle a servi de bande originale de la série à succès, *La Casa de Papel.* C'est alors que des millions de Netflixiens ont découvert la force de ce chant; savoir s'ils en saisissent pour autant toute la portée historique et symbolique est plus incertain.

Un voile d'incertitude et de mystification s'est pourtant posé sur les origines de ce nouvel hymne. Dans les années 1960, alors que la chanson commençait à avoir du succès, un musicologue italien, proche du Parti communiste, Roberto Leydi se lance dans la collecte de chants populaires des principales régions de son pays. Il se rend alors dans les rizières de la plaine du Pô à la rencontre des ouvrières pour recenser leur riche répertoire de chants polyphoniques. À cette occasion, il fait la rencontre de la *mondina* Giovanna Daffini qui avait, depuis les années 1950, débuté une carrière de « chanteuse d'histoires ». Elle interprète une version apocryphe de *« Bella Ciao »* adaptée aux rizières, prétendant d'ailleurs l'avoir entonnée avec d'autres *mondine* dès les années 1930. Ce « récit alternatif » des faits arrange sans doute le Parti communiste car il est en quête d'un récit héroïque d'un peuple laborieux qui est engagé dans les luttes dès les années 1930, continuant la lutte pour résister au régime fasciste. Pourtant, la genèse de cette chanson semble trouver d'autres racines dans d'autres histoires.

La mélodie très reconnaissable, pleine d'entrain, est facile à chantonner. Elle a indubitablement contribué au succès de la chanson, même s'il est probable qu'elle provienne d'une autre chanson venue de l'Est. En effet, la ressemblance est troublante avec les premières notes de « *oi oi di Koilen* » de l'accordéoniste ukrainien Mishka Ziganoff, datant de 1919. Cela pourrait appuyer l'hypothèse d'une origine klezmer, et donc yiddish, de cet hymne – n'en déplaise à certains. Quant aux paroles (de la version originelle), elles découlent en partie du contexte de 1943. Le régime de Mussolini vacille suite au débarquement des troupes alliées en juillet ; le *Duce* est renversé ce même mois et arrêté en septembre sur ordre du roi. Un armistice est signé entre le royaume italien et les Alliés, alors que la partie Nord de l'Italie est encore occupée par les Allemands qui ne tardent pas à rétablir Mussolini. La guerre civile se déchaîne entre fascistes et partisans. Ce sont sans doute ceux de la *Brigata Maiella* qui auraient, parmi les premiers, fredonné cet hymne, dont la dernière phrase dit toute leur détermination : « C'est la fleur du partisan / Mort pour la liberté ! » Écrites dans ce moment de basculement pour l'Italie contemporaine, les paroles reprennent en substance un chant populaire : « *Fior di tomba* ». À la fin de la guerre, la chanson, dont la diffusion est encore confidentielle, presque oubliée et sans auteur attitré, laisse la place à de nouvelles versions. Aussi, la chanson disparaît-elle un peu des radars. Certes, un groupe de jeunes Italiens interprète la chanson en 1948 à Berlin, à l'occasion du Festival mondial de la jeunesse et des étudiants. Selon les témoins, le chant est applaudi et immédiatement traduit en d'autres langues. «*Bella Ciao*» devient a posteriori l'hymne des partisans, aux dépens d'une autre chanson peut-être moins consensuelle – «*Fischia il vento*».

C'est en 1951 que Vasco Scansani di Gualtieri écrit d'autres paroles pour la version dite des *mondine* de «*Bella Ciao*». Elles énoncent une tout autre histoire puisque les partisans sont ici effacés. «Le matin, à peine levée / À la rizière je dois aller [...] Et entre les insectes et les moustiques / Un dur labeur je dois faire.» Ici, ce sont les travailleuses des rizières qui chantent pour se donner du cœur à l'ouvrage tout en dénonçant la rigueur des conditions de travail.

En France et dans les principaux pays occidentaux, le grand public découvre la chanson après 1963. Yves Montand, le célèbre acteur chanteur, fils de migrants italiens, alors proche du Parti communiste, décide d'interpréter «*Bella Ciao*» dans sa langue maternelle, lors d'un tour de chant qui l'amènera jusqu'à Broadway. En URSS, c'est le baryton Muslim Magomayev qui fait de «*Bella Ciao*», un chant compatible avec la ligne du Parti communiste. En Espagne, Adolfo Celdrán interprète une version espagnole en 1969, vite censurée par le régime franquiste. Au Chili, au début des années 1970, le groupe Quilapayún en propose une version sud-américaine *allegro* afin de soutenir l'élan et les espérances du gouvernement socialiste de Salvador Allende.

Ainsi popularisée, elle revient dans les années 1960 dans la sphère du militantisme et des manifestations. Les étudiants italiens entonnent régulièrement *«Bella Ciao»* pour contrer les aspirations fascistes ou droitières de l'Italie. Il faut reconnaître que la chanson, version «partisans», a l'avantage de réunir, en plus des communistes, tous les soutiens de la nouvelle république italienne, des socialistes aux chrétiens-démocrates. Ainsi réécrite, elle offre un récit unitaire de la résistance contre les fascistes. La chanson peut ainsi incarner à la fois le consensus démocratique, le passé résistant et les aspirations sociales du miracle économique italien.

Comme une piqûre de rappel

À Milan, le 28 avril 2025, un rassemblement de néofascistes rendait hommage à l'un des leurs en déposant une gerbe de fleurs. Ce recueillement viril de crânes rasés, blousons noirs et bras tendus, a tendance à se multiplier depuis que la post-fasciste Giorgia Meloni dirige l'Italie. Un voisin dérangé par ce spectacle anachronique et inquiétant a posé ses enceintes sur son balcon et a diffusé de son appartement la célèbre rengaine de lutte «Bella Ciao»*, histoire de résister et ne pas laisser la rue envahie de haine. La chanson devient ainsi ce chant de ralliement ou de résistance quand les nouvelles vagues brunes attaquent la démocratie.*

Aujourd'hui, ce consensus italien autour de *« Bella Ciao »* dépasse les frontières de la péninsule et on peut entendre fredonner cet hymne par-delà le milieu purement communiste. Aussi pourrait-on mesurer la force et la vitalité de la chanson au nombre de ses versions contemporaines. Chantée en italien d'abord, ses interprètes ont aujourd'hui décliné dans leur langue la mélodie entraînante, souvent en conservant l'esprit de la chanson. En 1989, le musicien kurde Ciwan Haco apporte sa version à cette chanson de lutte, (*« Çaw Bella »*). Il est un chanteur qui compte au sein de la diaspora kurde, en mélangeant les chansons traditionnelles avec celles du monde qui résonnent comme des hymnes combattants pour cette nation sans État. En 2018, Tom Waits et sa voix rocailleuse proposent, dans une anthologie des chansons de lutte, une version profonde, une complainte emprunte d'une gravité presque résignée. En 2021, le groupe breton et punk, Les Ramoneurs de menhirs offrent une version punk franco-bretonne, un peu énervée où le biniou s'invite à la lutte malheureusement ! Mais la chanson connaît aussi des déclinaisons, en 2012, dans la manifestation écologiste « Chantez pour le climat », on peut entendre une *« Do it Now »* sur la musique de *« Bella Ciao »*. La chanson vectrice de luttes sociales prend des couleurs vertes, mais tout cela reste un peu dans le même esprit. Ce qui n'est pas tout à fait le cas pour d'autres déclinaisons.

La Casa de Papel, série au succès mondial, a sans doute permis de sortir la chanson de son environnement militant et européen pour toucher bien d'autres publics et d'autres régions du monde. *« Bella Ciao »* se mondialise à l'occasion, mais sans doute en perd-elle un peu de son âme. En effet, le propos de cette série n'est pas vraiment la révolution ou la lutte contre les oppresseurs, puisqu'il s'agit d'un « professeur » s'entourant d'un staff de talents pour organiser le casse du siècle. Bien sûr, dans la série, on explique que le grand-père du cerveau du braquage était un résistant italien, mais le vernis révolutionnaire ne résiste pas aux faits. Un scénario assez classique, au demeurant, mais il semblerait que le producteur, Álex Pina, ait trouvé la chanson « intéressante » car engagée dans l'antifascisme. *« Bella Ciao »* est ainsi devenue la bande originale d'une série espagnole très « bankable ». Surfant sur ce succès, la version de Naestro avec Gims, Slimane, Vitaa et Dadju, dénature la chanson pour raconter une rupture sentimentale devenant en quelques semaines le numéro un des ventes, en 2018. Moralité, tout est soluble dans le business, même les chansons engagées !

Pour aller plus loin

Bertrand Dicale, *Les Chansons qui ont tout changé*, Fayard, 2011.

Lorella SINI, « De l'Italie à la France, chanter la Résistance avec *Bella Ciao* », *Cahiers de littérature orale*, n° 91-92, 2022, p. 217-237.

Fischia il vento

Soviet hit variation

Ligurie, Italie (1943)

Fischia il vento
Fischia il vento, urla la bufera,
Scarpe rotte eppur bisogna andar,
A conquistare la rossa primavera
Dove sorge il sol dell'avvenir.

Le vent siffle et la tempête fait rage
Des chaussures cassées et pourtant
Il faut oser conquérir le Printemps rouge
Là où le soleil de l'avenir se lève. (2x)

Chaque quartier est la patrie du rebelle
Chaque femme lui lance un soupir
Les étoiles le guident dans la nuit,
Il a un cœur et un bras forts pour frapper. (2x)

Si la mort cruelle nous rattrape,
Le partisan aura une vengeance sévère,

Déjà certain est le sort
Du vil et traître fasciste. (2x)

Le vent s'arrête et la tempête se calme
Le fier partisan rentre chez lui,
Agitant le drapeau rouge,
Victorieux, enfin libres nous sommes. (2x)

PAROLES DE FELICE CASCIONE,
TRADUCTION DE JULIEN BLOTTIÈRE.

EN ITALIE, À PARTIR de 1922, en quelques années, Mussolini installe solidement sa dictature. La violence déchaînée des squadristes s'abat sur leurs adversaires politiques, identifiés à des ennemis à neutraliser ou à abattre. Charismatique, bon orateur, profitant d'un intense matraquage médiatique, le *Duce* obtient l'adhésion d'une partie de la population ; en tout cas, celle qui n'a goûté ni aux matraques ni à l'huile de ricin et accepté de fermer les yeux sur les activités criminelles du régime. En 1936, avec la conquête de l'Éthiopie, l'Italie pense se faire « une place au soleil ». Dans la péninsule, la popularité de Mussolini, au zénith, contraste alors avec l'atonie de l'antifascisme. Mais la magie des coups de menton n'a qu'un temps. La radicalisation du régime, l'entrée en guerre avec son cortège de violences (bombardements, faim...) et les déroutes militaires à répétition font pâlir l'étoile de celui qui se rêvait empereur. Alors que les Alliés débarquent en Sicile, le 10 juillet 1943, le dictateur est abandonné par le grand conseil fasciste, le 25, puis arrêté sur ordre du roi. Le maréchal Pietro

Badoglio, qui le remplace à la tête du gouvernement, signe l'armistice avec les Alliés, le 8 novembre. Cependant, Hitler, qui veut garder la Botte à sa botte, lance la Wehrmacht et les SS à l'assaut du nord de l'Italie. Libéré, Mussolini est catapulté à la tête de la si bien nommée « République de Salò » – un régime fantoche inféodé aux Allemands.

Avec l'Occupation, la Résistance intérieure trouve enfin l'audience qui lui faisait défaut. Pendant vingt mois, de septembre 1943 à mai 1945, une guerre civile d'une extraordinaire brutalité oppose la Garde nationale républicaine, puis les Brigades noires, associées aux SS, aux forces de la Résistance. Celles-ci sont rassemblées au sein d'un Comité de libération nationale transpartisan dominé par les Brigades Garibaldi d'obédience communiste.

Les combattants, qui ne disposent pas encore de chansons propres, puisent dans le répertoire révolutionnaire : « L'Internationale », « *Bandiera rossa* » ou « *l'Addio a Lugano* ». « *Fischia il vento* », écrite fin 1943, leur permet de se doter d'un morceau qui leur ressemble vraiment. Les paroles insistent sur la rudesse des conditions de lutte des partisans, qui guerroient « quand la tempête fait rage », malgré le dénuement matériel et les chaussures « cassées ». Bien que retirés dans des zones montagneuses, guidés par les étoiles et leur idéal révolutionnaire, ils ont su gagner les cœurs, faire de « chaque quartier leur patrie ». Galvanisés par ce soutien populaire, mus par la volonté de venger leurs frères d'armes, ils terrasseront « le vil et traître fasciste ». Les derniers vers laissent présager un avenir radieux, le triomphe des idéaux communistes et l'avènement du « Printemps rouge » espéré au premier couplet.

L'auteur de ce poème, Felice Cascione, naît en 1918 à Port-Maurice, dans la région d'Imperia, en Ligurie, non loin de la frontière française. Orphelin de père, il est élevé par une mère institutrice communiste. En 1938, à son tour, le jeune homme distribue des tracts et devient un militant apprécié, dévoué à la cause, bien décidé à abattre le fascisme et le capitalisme. Il étudie d'abord la médecine à Gênes, mais, dénoncé pour son engagement politique, il déménage à Rome, puis Bologne, où il obtient son diplôme de médecin, en 1942, à seulement vingt-quatre ans. Cette même année, il adhère au Parti communiste clandestin. Mettant en application ses principes, il devient un médecin des pauvres, sensible et généreux. Cette vocation lui vaudra, dans la Résistance, le surnom d'*u megu* – le « docteur » en dialecte ligure. Sans surprise, dès que les hordes hitlériennes s'abattent sur la péninsule, Cascione gagne avec ses camarades les contreforts des Alpes ligures pour lutter au sein d'une brigade garibaldienne.

La genèse de « *Fischia il vento* » est assez bien documentée. Lors des moments de répit, Cascione écrit ses vers dans les abris de berger accrochés à flancs de montagne. Ainsi, il achève son poème quelques jours avant la Noël 1943, dans la *Casone dei Crovi* (« la Maison des corbeaux »), située dans l'arrière-pays d'Albenga. Aidé de ses camarades, ses mots narrent fidèlement le rude quotidien du partisan en lutte. *U megu* tient la plume, mais consulte ses camarades d'infortune. Certains souhaitent préserver la dimension partisane et communiste du morceau (drapeau et Printemps rouges), quand d'autres insistent sur l'union des partisans dans leur lutte antifasciste. Finalement, chacun interprète le chant avec les mots de son choix.

Giacomo Sibilla, alias Ivan, convainc Cascione de mettre en musique ses vers sur l'air de la chanson « Katioucha *», qu'il a découverte au contact de prisonniers et civils soviétiques, alors qu'il combattait sur le front russe au sein de l'armée italienne. Sur cet air entraînant, composé en 1938 par Matveï Blanter à partir d'un air populaire, les paroles de Mikhaïl Isakovsky racontent les prières adressées par une jeune femme (Katioucha) à son amant parti au front. Au sein de l'Armée rouge, la mélodie stimulante confère une très grande popularité au morceau sur le front Est. Le terme «Katioucha» finira même par désigner les «orgues de Staline», les redoutables lance-roquettes créés par les Soviétiques en 1941.*

Cascione recopie les paroles du morceau sur un bout de papier qu'il réussit à faire parvenir à sa mère. L'enseignante apporte quelques modifications, remplaçant «souffler» par «siffler». Un texte finit par s'imposer. Felice et ses hommes l'entonnent lors de la messe de minuit de 1943, célébrée à Curenna (un hameau isolé situé en contrebas de leur planque), puis lors de l'Épiphanie de 1944, sur la place de l'église d'Alto. À la suite d'un accrochage, l'unité capture deux fascistes de la Garde nationale républicaine. Le «docteur» s'oppose à leur exécution, convaincu qu'il peut les rallier à sa cause. «J'ai étudié [...]

pour sauver des vies [...], comment puis-je consentir à donner la mort à deux personnes qui se sont trompées parce qu'elles n'ont pas eu, comme nous, le bonheur d'être éduquées dans la liberté, la bonté, la justice ? » clame-t-il à ses frères d'armes. Or, un des captifs parvient à s'échapper. Contraints de fuir, les partisans investissent les hauteurs du village d'Alto. Le 27 janvier, les soldats allemands partent à l'assaut du refuge résistant. Felice tombe – il n'a que vingt-quatre ans. À la faveur des déplacements de ses camarades de lutte, le morceau du docteur se diffuse à de nouveaux groupes partisans ligures et piémontais, avant de se répandre dans tout le nord de la péninsule. Ainsi, grâce au bouche-à-oreille, « *Fischia il vento* » s'impose comme *le* chant de ralliement des Brigades Garibaldi du nord de l'Italie. Son auteur, emporté dans la fleur de l'âge, ne le saura pas.

Après la mort d'*u megu*, son unité prend le nom de IIe division d'assaut Garibaldi « Felice Cascione ». Italo Calvino, jeune étudiant de vingt ans et futur géant de la littérature italienne, intègre ses rangs peu après le décès du chef partisan. Dans un article publié en mai 1945, il rendait ainsi hommage au héros : « Qui transmettra la longue histoire des embuscades et des guérillas, des batailles et des déroutes, des salves et des buissons, des évasions et des assauts ? Les premiers sont morts. Mais ton sang n'a pas été vain, Cascione, le premier, le plus généreux et le plus courageux de tous les partisans. » À l'issue du conflit, la mère, fidèle gardienne de la mémoire, s'oppose aux tentatives de récupérations commerciales ou altérations de la chanson de son fils – que certains s'acharnent à dépolitiser. Alors que la guerre froide s'installe, « *Fischia al vento* », avec sa musique en provenance directe d'URSS et ses références explicites au communisme, ne dispose pas des meilleurs atouts pour s'installer durablement en tant que chanson emblématique de la lutte des partisans antifascistes. «*Bella Ciao*», aux origines obscures et à la diffusion pourtant bien plus confidentielle au cours de la guerre, finit par supplanter «*Fischia*» auprès du grand public. Il faut dire que le titre est beau, facile à retenir, offrant une image œcuménique de la Résistance, sans Printemps ou drapeau rouge, comme le souhaitent le Parti socialiste et la démocratie chrétienne revenus au pouvoir après-guerre. Subrepticement, «*Bella Ciao*» devient l'hymne progressiste et transnational absolu, éclipsant quelque peu le chant de Cascione, mais pas son attitude exemplaire. Ainsi, l'altruisme, la probité et l'idéalisme du docteur semblent bien avoir inspiré à un autre Ligure, Fabrizio De André, «*La guerra di Piero*», dont les paroles relatent la mort d'un soldat, abattu par celui sur lequel il avait refusé de tirer. «Arrête Piero / Laisse le vent te dépasser / Des morts à la bataille il te porte la voix / Qui donne sa vie a en échange une croix.»

«Le vent siffle et la tempête fait rage» dans la péninsule italienne, balayant les traces de la lutte des partisans. L'éloignement temporel permet à certains de réécrire l'histoire, entretenant la nostalgie d'un régime fasciste présentable, au cours duquel «les trains arrivaient à l'heure». Longtemps, la gestuelle du *Duce*, devenue surannée, l'a fait passer pour un bouffon, donc inoffensif. Pourtant, loin d'être un «César de carnaval» ou un général Tapioca latin, Mussolini était un impitoyable chef de bande, fasciné par la force. L'amnésie sélective ou volontaire, la peur, la bêtise ont permis de soulever une houle réactionnaire, conduisant, en Italie, à l'accession au pouvoir des thuriféraires d'un régime jusque-là voué aux gémonies. Comment lutter efficacement contre les discours mortifères de Meloni et consorts? Quels contrepoisons inoculer pour terrasser l'hydre néofasciste?

Difficile à dire, mais l'art et la culture restent un puissant moyen de lutte. *M, l'enfant du siècle* d'Antonio Scurati utilise la narration littéraire et fictionnelle, la force du roman (genre populaire et démocratique) pour dresser le portrait décapant et sans concession de Mussolini. Alors, oui, « le vent siffle et la tempête fait rage », mais ce n'est pas une raison pour désespérer.

POUR ALLER PLUS LOIN

Donatella Alfonso, *Fischia il vento: Felice Cascione e il canto dei ribelli*, Castelvecchi, 2014.

« Antisocial, tu perds ton sang-froid »

The Cropper Lads

C'est nous les gars de la machine !

Angleterre (1812)

Come, cropper lads of high renown,
Who love to drink good ale that's brown,
And strike each haughty tyrant down,
With hatchet, pike, and gun!
Oh, the cropper lads for me,
The gallant lads for me,
Who with lusty stroke,
The shear frames broke,
The cropper lads for me!

Venez Cropper Lads *de haute renommée,*
Qui aimez boire de la bonne bière brune,
Et renverser tous les tyrans hautains,
À coups de hachette, de pique et de fusil!
Oh, les Cropper Lads *avec moi,*
Les gars vaillants avec moi;
Qui d'un coup vigoureux,
Brisent la machine à tondre!

Quoi, bien que les troupes spéciales avancent,
Et que les soldats paradent autour de nous la nuit ;
Les Cropper Lads *mènent toujours la danse,*

Et nuit après nuit quand tout est calme
Et que la Lune se cache derrière la colline,
Nous marchons en avant pour faire
ce que nous voulons faire

Le grand Enoch toujours devrait mener le convoi.
Arrête-le si tu oses ! Arrête-le si tu peux !
Persévère, homme courageux

AUTEUR INCONNU, TRADUCTION D'ÉTIENNE AUGRIS.

FACE À LA VISION CONSENSUELLE d'un progrès continu, associé aux innovations technologiques, à la croissance économique et au libéralisme triomphant, les travailleurs ont souvent opposé des récits alternatifs, portés dans la mémoire collective par les chansons. Ainsi en est-il des chants du mouvement luddite qui, de « *General Ludd's Triumph* » (Nottingham) à « *The Hand-Loom Weavers' Lament* » (Lancashire), ont contribué à transmettre jusqu'à aujourd'hui les luttes du début de l'ère industrielle. La chanson « *The Cropper Lads* », composée en 1812 dans le Yorkshire, est la plus connue d'entre elles. Loin de dresser le portrait de travailleurs arriérés et frustes, elle montre la détermination de ceux qui se sont opposés à l'essor du capitalisme et du libéralisme. Elle fait des tondeurs de laine, les *croppers*, des résistants à la dérégulation et à la mécanisation destructrice de leur emploi et de leur mode de vie.

La brièveté et l'intensité de la révolte dite des luddites n'ont cessé d'interroger les historiennes et les historiens dès le XIXe siècle. Mais c'est avec le développement de l'histoire sociale au XXe siècle que la complexité de leurs motivations a refait surface. Loin d'une image de gens peu éduqués et rétrogrades, les travaux de différents historiens, certains d'obédience marxiste et pratiquant une histoire sociale par le bas, ont permis de redonner un nom aux protagonistes (G. Rudé), de reconstituer « l'économie morale » des émeutiers (E. P. Thompson). Surtout avec Eric Hobsbawm, ils ont révélé le caractère réfléchi du bris de machine comme outil de « négociation collective par l'émeute ». Ce dernier point, avancé par l'historien marxiste, est capital parce qu'il constitue un des registres traditionnels des conflits sociaux dès le XVIIIe siècle. Il s'agit alors d'amener les patrons à négocier bien plus que d'une hostilité aux machines nouvelles.

Au tournant du XIXe siècle, les capacités des travailleurs à négocier et à s'organiser sont amoindries par les lois contre les coalitions adoptées en 1789-1800. La décennie de guerre contre la France, outre qu'elle diffuse la peur d'une contagion révolutionnaire (prononcer le terme « Jacobin » dans une chaumière anglaise suffit à y semer la terreur…), a généré inflation et pénuries alimentaires. Le prince George, qui exerce la Régence, et le gouvernement tory (conservateur, pour faire simple) de William Pitt le Jeune, sont enclins à la répression. Ce faisant, ils poussent les organisations de travailleurs à se politiser si ceux-ci veulent défendre leur gagne-pain, quitte à devenir clandestines. Pour le dire autrement, et comme le suggère la chanson, les *publics houses* deviennent alors les lieux privilégiés du rassemblement des travailleurs, autour d'une bonne *brown ale* !

La Grande-Bretagne vit alors une ère de transformations économiques et sociales majeures en raison de l'industrialisation, entamée au siècle précédent. Ces changements, s'ils bénéficient à une partie de la population, singulièrement les possédants, sont aussi synonymes de pauvreté et d'inégalités pour d'autres. Les travailleurs du textile, secteur moteur et symbole en pleine expansion, sont au cœur de ces mutations. Leurs luttes sont ancrées dans un environnement communautaire et géographique, et pas seulement dans une classe sociale. L'introduction de machines, utilisant l'énergie hydraulique ou la vapeur, a entraîné le regroupement progressif des artisans dans des fabriques, même si le travail domestique reste important. Logiquement, ces fabriques nécessitent des investissements qui sont réalisés par leurs propriétaires. L'industrie cotonnière a été plus rapidement mécanisée, malgré des résistances dans le Lancashire au XVIIIe siècle. L'industrie lainière, en particulier la finition, a moins connu cette mécanisation et les artisans y sont mieux organisés. Ils sont logiquement moins susceptibles de se laisser tondre… et les changements sont donc moins rapides.

Mais en 1806, le Parlement a préconisé dans un rapport le « laisser-faire » en supprimant tous les obstacles au capitalisme et au machinisme. La mécanisation s'étend tant qu'elle s'accompagne d'un progrès pour les travailleurs, mais elle est vite contestée lorsque la prospérité est moindre. Au début des années 1810, la situation économique se dégrade en Angleterre, dans le contexte du blocus continental. Avec Napoléon, les parents britanniques ont un nouveau père Fouettard... Aux enfants peu sages, on brandit la menace de l'arrivée de « Boney ». Moins de régulation, interdiction de toute organisation syndicale, difficultés économiques et sociales : tout est en place pour qu'une confrontation ait lieu.

Le mouvement démarre en mars 1811 dans les Midlands, parmi les bonnetiers de Nottingham. Le leader des ouvriers tente d'abord la voie légale en s'adressant aux tribunaux. Son échec conduit à une action plus radicale qui semble correspondre au vieux modèle de négociations collectives par l'émeute. Des machines sont brisées jusqu'en janvier 1812 avec des périodes de pause qui semblent destinées à permettre aux employeurs de faire des concessions. Le mouvement s'étend aux comtés voisins du Leicestershire et du Derbyshire. Il y gagne un nom en se référant à la figure légendaire du « général Ludd », venue du Leicestershire ; lequel aurait détruit des machines vers 1780. Les tisserands du Lancashire rejoignent également le mouvement. Mais la réaction des autorités ne tarde pas : en ces temps de guerre, elles mobilisent à des fins répressives des *specials*, qu'évoque la chanson ; sorte de milice constituée à partir de réservistes. En mars 1812, le Parlement, dominé par les Tories partisans de l'ordre, vote la peine capitale pour bris de machine, contribuant à ralentir le mouvement dans les Midlands où il ne sera plus que sporadique jusqu'en 1816.

En revanche, il s'étend dans le Yorkshire, autour de Leeds, où l'industrie textile s'est considérablement développée depuis plusieurs décennies. Dans la partie occidentale du comté (les *West Ridings*), les artisans qui travaillent à la finition de la laine par différents procédés comme le tondage, les *croppers*, bien organisés et rémunérés, avaient réussi à s'opposer à la mécanisation jusqu'en 1811. Mais les plus gros propriétaires de fabriques, ces « tyrans hautains », par l'introduction de nouvelles machines, menacent leur mode de vie et leur emploi. Une tondeuse mécanique accomplit le travail de quatre *croppers*.

Si les bonnetiers et les tisserands se plaignaient avant tout de pertes de salaire et de la dégradation de leurs conditions de travail, les tondeurs de laine ont beaucoup plus à perdre du passage au système usinier, comme l'écrit l'historien François Jarrige. En janvier, ils passent à l'action en s'inspirant du légendaire ouvrier militant « Ned Ludd ». Ils incendient des fabriques et mènent des raids contre des magasins de vêtements à Leeds. Le mouvement s'étend à Halifax. Le 19 janvier, une laineuse mécanique est incendiée par un groupe d'hommes au visage grimé de noir. Puis, des tondeuses mécaniques sont brisées près d'Huddersfield. La chanson n'est pas très explicite sur les motivations et les objectifs du mouvement. Il s'agit de lutter contre les patrons qui, au nom du libéralisme et du profit, veulent se débarrasser des régulations pour introduire des machines destructrices de l'emploi qualifié et protégé. Elle est en revanche plus précise sur les méthodes des luddites. Pendant trois mois, « nuit après nuit », ils passent à l'attaque dans toute la région, échappant aux *specials*. Si des femmes participent au mouvement de différentes manières, les luddites eux-mêmes se déguisent parfois en femme pour mener des actions marquantes.

Comme le clament haut et fort les paroles de la chanson, il s'agit de se battre « avec hachette, pique et fusil » mais aussi de briser les machines. À eux le « grand Enoch », du nom de ce marteau devant servir à les briser ! Ironie de l'histoire, l'entreprise Enoch and James Taylor, basée à Marsden (à l'extrême limite du Yorkshire de l'Ouest, dans les Pennines) fabriquait à la fois les machines et… les outils servant à les détruire. D'où le dicton qui faisait florès à l'époque : « *Enoch makes them, Enoch breaks them.* »

En avril, le mouvement parvient à mener à bien la destruction de l'essentiel des machines de la région, à l'exception de celles que les petits patrons ont… sagement démontées eux-mêmes. Dans la nuit du 11 au 12 avril se déroule une véritable bataille à Rawfolds. George Mellor, épaulé de 150 luddites, s'en prend à l'usine de Cartwright, par ailleurs chef de la milice locale. Ce dernier s'est organisé : il fait échouer l'assaut, deux assaillants sont tués, un de ses soldats qui avait refusé de tirer est condamné au fouet. La chanson, peut-être écrite en février 1812, semble imprégnée de cette atmosphère de veille d'affrontements où chacun sait qu'il risque gros, entre affirmation un peu bravache et sentiment de solidarité quoi qu'il en coûte. Les luddites prêtaient un serment par lequel ils s'engageaient à ne pas révéler de nom s'ils étaient arrêtés, et à se venger des traîtres.

Les violences continuent et s'étendent, sans que l'on puisse toutes les attribuer aux luddites. Mais les autorités s'en persuadent et mènent une répression sans merci, mobilisant plusieurs milliers de soldats. D'autant plus qu'un propriétaire d'usine, Horsfall, a été tué fin avril. En janvier 1813, un procès pour l'exemple se déroule à York : 60 personnes sont poursuivies ; parmi elles, des luddites, mais aussi d'autres individus dont la moitié sera disculpée. Mellor, vingt-deux ans, qui avait participé à l'attaque de l'usine de Cartwright et à l'assassinat d'Horsfall, est condamné à mort avec 16 autres qui seront exécutés. D'autres seront déportés en Australie.

The Cropper Lads

Les luddites ne sont pas tombés dans l'oubli. Le roman *Shirley* de Charlotte Brontë (1849) s'inspire de l'événement. Les chansons des luddites ont continué à être chantées, transmises de génération en génération. La grande question qui a occupé des générations d'historiens britanniques est celle de la séparation des actions des luddites d'autres activités plus politiques. Pour E. P. Thompson, qui voulait « sortir les dominés de l'immense condescendance de l'Histoire », la convergence des luttes ne faisait aucun doute et était une étape essentielle dans la formation de la conscience de la classe ouvrière. Mais d'autres historiens ont récemment répondu de manière plus nuancée géographiquement et insisté sur la complexité de la situation, en particulier dans le Yorkshire, évoquant plutôt une concomitance des luttes dans les années 1810.

Glastonbury, musique et/ou politique ?

Comme au XIXe *siècle, les artistes britanniques et irlandais n'hésitent pas à prolonger la lutte en chanson, surtout lorsque les protestataires sont mis sous l'éteignoir. Créé en 1970, en pleine époque des grands festivals de musique (Altamont, Woodstock, Wight...), celui de Glastonbury est devenu un rendez-vous majeur de l'été britannique.*

Parfois boueux, de plus en plus caniculaire, ce festival n'est pas étranger au monde agricole puisqu'il se déroule sur les terres de la ferme des Eavis (Michael, le patriarche, et sa fille Emily). L'essentiel des controverses du passé portaient plutôt sur les genres musicaux à inviter (ou pas...). Celles de 2025 furent particulièrement virulentes : le trio nord-irlandais Kneecap, connu pour ses propos sans concessions sur de nombreux sujets et son rap en gaélique, a bien failli être privé de festival, suite aux pressions du gouvernement. Le groupe a fait copieusement huer l'actuel Premier ministre Keir Starmer par la foule et entonné des « Free Palestine ».

Moins surveillé, le duo punk-rap Bob Vylan, diffusé en direct, a fait chanter au public « Mort aux forces de défense israéliennes ! », dans un contexte de répression sans précédent de toute manifestation en faveur de la Palestine au Royaume-Uni et sur fond de bombardements massifs à Gaza, qui tuent de nombreux civils. La scène du festival a auparavant été ouverte aux politiques à plusieurs reprises. Ces dernières années, Jeremy Corbyn, Greta Thunberg ou Volodymyr Zelensky se sont adressés à la foule depuis la mythique Pyramid Stage *– la grande scène du festival.*

Pour aller plus loin

François Jarrige, *Au temps des «tueuses de bras»: Les bris de machines à l'aube de l'ère industrielle*, Presses universitaires de Rennes, 2009.

John E. Archer, *Social Unrest and Popular Protest in England 1780-1840*, Cambridge University Press, 2000.

Parachutiste

De la Maison bleue au béret rouge

France (1972)

Tu avais juste dix-huit ans
Quand on t'a mis un béret rouge
Quand on t'a dit : « Rentre dedans tout ce qui bouge. »
C'est pas exprès que t'étais fasciste
Parachutiste

Alors, de combat en combat
S'est formée ton intelligence
Tu sais qu'il n'y a ici-bas que deux engeances
Les gens bien et les terroristes
Parachutiste

Puis on t'a donné des galons
Héros de toutes les défaites
Pour toutes les bonnes actions que tu as faites
Tu torturais en spécialiste
Parachutiste

Alors sont venus les honneurs
Les décorations, les médailles
Pour chaque balle au fond d'un cœur pour chaque entaille
Pour chaque croix noire sur ta liste
Parachutiste

Mais, malheureusement pour toi
Bientôt se finira ta guerre
Plus de tueries, plus de combats, que vas-tu faire ?
C'est fini le travail d'artiste
Parachutiste

C'est plus qu'un travail de nana
De commander à ceux qui savent lire
Surtout que t'as appris avec moi ce que veut dire
Le mot « antimilitariste »
Parachutiste

T'as rien perdu de ton talent
Tu rates pas une embuscade
Mais comme on tire plus vraiment
Tu trouves ça fade
C'est peut-être pour ça que t'as les yeux tristes
Parachutiste

Mais si t'es vraiment trop gêné
D'être payé à ne rien faire
Tu peux toujours te recycler
Chez tes petits frères
Je crois qu'on engage dans la police
Parachutiste

PAROLES ET MUSIQUE DE MAXIME LE FORESTIER

Maxime Le Forestier est un enfant de l'après-guerre. Né en 1949, sa famille maternelle, conservatrice et catholique, lui fait fréquenter l'école des curés. Le divorce de ses parents en 1963 et le retour du père dans son Angleterre natale en font un lycéen rebelle. En première, il frappe son professeur d'anglais: on lui indique rapidement la sortie. Il se lance alors dans la musique, suivant en cela sa sœur aînée, Catherine. Maxime joue de la guitare, comme son modèle, Georges Brassens, ou encore Bob Dylan qu'il apprécie autant que la chanson d'expression française de l'époque – celle de Brel, de Ferré ou de Moustaki. Le duo Cat & Maxime se produit dans les cabarets et les maisons de la culture. En ces années 1968, sa sœur lui offre un voyage à San Francisco; ils découvrent ensemble une ville transfigurée par la présence des hippies. Après un mois et demi sur place, tandis que Catherine poursuit son périple plus au sud du continent, l'heure du service militaire approche pour son frère. Maxime Le Forestier est incorporé en mars 1969, près de Metz dans un régiment de parachutistes. Hospitalisé après une insolation, l'expérience tourne court: il regagne Paris pour aller faire le planton au ministère des Armées. Sur le trajet pour s'y rendre, il conçoit un texte, véritable brûlot antimilitariste, dans lequel il conspue les parachutistes qu'il a quittés quelque temps auparavant sans avoir eu le temps de vraiment les connaître. Arrivé sur place, il couche les paroles imaginées dans le métro sur un papier à en-tête du ministère. Il y a là de quoi alimenter un storytelling à faire pâlir de jalousie Mimi Marchand. Le Forestier, trop jeune pour avoir connu la guerre, ne parle pas d'expérience ; il n'a que furtivement fréquenté le quotidien du « para » lambda, si bien qu'on s'interroge sur la virulence du portrait qu'il en donne.

Quand Le Forestier écrit « Parachutiste », il n'a que deux 45-tours à son actif, mais déjà une très belle plume. Le titre connaît le succès par des chemins détournés et une petite course d'obstacles. Son auteur, sensible aux idées antimilitaristes, place ses pas dans ceux de son idole, Georges Brassens, qui en est un des controversés promoteurs. En 1964, dix ans après « Le déserteur » de Boris Vian, le Sétois a remis le sujet sur la table avec « Les deux oncles », non sans réactiver les polémiques. Le pouvoir a l'œil sur les sujets sensibles. « Parachutiste » est très peu diffusé dans les médias, notamment en radio. Le Forestier la joue sur scène et en privé, dans les coulisses de la Fête de l'Humanité pour l'icône féminine de la *protest song*, Joan Baez. Sensible à la chanson, elle l'entonne sur scène devant une foule conquise, lors de l'édition 1971. Le Forestier en garde un souvenir ému : il sort en larmes de l'écoute de la prestation. « Parachutiste » est désormais lancée. On la retrouve commercialisé sur le premier album du chanteur qui sort en 1972. Le jeune homme barbu, à la chevelure indisciplinée, a alors vingt-trois ans. Le style de ses chansons construit un pont entre les deux rives de l'Atlantique, entrelaçant les héritages de Brel, Brassens ou Ferré, à la force contestataire mondiale de la folk états-unienne. La télévision, qui n'a jamais diffusé « Parachutiste », lui fait enfin une place à l'antenne en 1974, de nouveau chantée par Joan Baez. Entretemps, l'album sur lequel le titre figure a séduit toute une génération dont il incarne et porte, tout à la fois, la philosophie hippie.

Maxime Le Forestier devient, en effet, en un rien de temps, avec son premier 33-tours qui porte simplement son nom, le plus populaire des chanteurs français : il s'en écoule plus d'un million et demi d'exemplaires. On y entend des compositions, devenues depuis des classiques, qui épousent parfaitement leur époque. Ainsi, dans « Mon frère », ode à celui qu'il n'a jamais eu, le chanteur regrette de ne pas avoir pu partager « les mots d'amour et les pavés, les filles et les coups de matraque ». Les références à Mai 1968 se retrouvent dans « Comme un arbre » dernier morceau du 33-tours. Un texte profondément écologique qui dénonce une nature maltraitée par la bétonisation et la pollution urbaines : de cet arbre « Ami, fais après ma mort, barricade de mon corps et du feu de mes brindilles ». Enfin, Le Forestier chante « San Francisco » et « sa maison bleue », « *Painted Lady* » « adossée à la colline » de la ville du *Summer of Love* qu'il avait découverte avec sa sœur. Dans cet attelage de titres d'une douce et parfois grave poésie, « Parachutiste » détonne, au sens propre comme au figuré : ses mots crus sont une charge à faire tomber d'un seul coup toutes les pâquerettes coincées dans barbes hirsutes et chevelures ondulantes.

Mais revenons au cœur du texte de la chanson : les combats et la guerre. Dans ces années 1968, les enfants du baby-boom, « nés quelque part », sur une rive ou l'autre de l'Atlantique, ont grandi avec elle. De la Corée à l'Indochine, du Vietnam à l'Algérie, les conflits sont à bonne distance kilométrique, mais les obligations militaires ne s'embarrassent pas de ces détails et rattrapent vite les jeunes gens dans leur vingtaine.

Lorsque Le Forestier écrit « Parachutiste », la guerre d'Algérie est terminée depuis sept ans : ses héritages, même quand ils se traduisent par le mutisme de ceux qui y ont participé, sont présents dans la société française. Les témoignages du journaliste communiste Henri Alleg (torturé), ceux en défense du mathématicien Maurice Audin (torturé, puis assassiné) ou celui de la jeune militante Djamila Boupacha (torturée et violée), tous victimes des exactions de l'armée française, en sont d'autres. La question des rapatriés, des harkis, le racisme persistant dont sont victimes les travailleurs algériens et leurs familles restés en France, disent à quel point les braises du conflit rougeoient encore. Alors que la guerre froide plonge le Vietnam dans un conflit sanglant et, avec elle, une partie des jeunes États-uniens, ces différents éléments sont susceptibles d'alimenter les sentiments antimilitariste et pacifiste chez leurs pairs européens.

Maxime Le Forestier, vraisemblablement sensible à ce contexte, a choisi de s'attaquer à la figure du parachutiste. Peut-être, lors de son bref passage dans la ville, a-t-il entendu parler de la « ratonnade de Metz » qui se déroule dans la nuit du 23 au 24 juillet 1961 et au cours de laquelle des parachutistes pro-Algérie française tuent quatre Nord-Africains et en pourchassent des centaines d'autres ? Si tel n'est pas le cas, on comprend aisément son choix tant les unités aéroportées se sont distinguées lors des différents conflits que l'on devine à l'arrière-plan de la chanson : la guerre d'indépendance algérienne dans un récent passé « qui ne passe pas » et celle du Vietnam dans l'actualité – toutes deux liées au conflit indochinois qui les a précédées. En effet, les divisions aéroportées ont marqué l'histoire de ces « années algériennes » de l'histoire de France, encore si proches. Or, leurs actions particulièrement violentes, notamment à partir de la bataille d'Alger en 1957, ont souvent été encadrées par des anciens de l'Indochine. Il y a là un paradoxe que relève le chanteur : « de combat en combat s'est formée [leur] intelligence », ces « héros de toutes les défaites » (dont celle de Diên Biên Phu qui scelle la fin de la colonisation française de l'Indochine) ont été promus; l'armée et le pouvoir en place ont tenu à leur « donner des galons ». Durant une large partie de la guerre d'indépendance algérienne, les unités de parachutistes jouent un rôle clé, car la situation particulière de la colonie placée « en état d'urgence » octroie aux militaires des pouvoirs étendus, hors des normes habituelles: arrêter, détenir, interroger sont au cœur de leurs missions. Durant la bataille d'Alger, la 10e division de parachutistes de Massu s'attelle à démanteler « la toile tendue sur la ville » par le FLN (Front de libération nationale), qui vient de lancer le mot d'ordre de grève générale, et à identifier l'ensemble de ses membres et soutiens. Dès lors, la torture, qui préexistait au déclenchement de la guerre, devient la pierre angulaire de l'action militaire vouée au renseignement et à la terreur, qu'il s'agit de faire régner sur la population de façon systématique (« Pour chaque balle au fond d'un cœur, pour chaque entaille, pour chaque croix noire sur ta liste »). Derrière les « interrogatoires serrés », « musclés » et autres formules euphémisées, se cachent des violences extrêmes scandées de cris de douleur étouffés par les murs épais, à l'abri desquels se déroulent les séances de torture. Précédées d'une mise à nu de la personne, elles consistent en des coups donnés avec les poings, bâtons ou cravaches, à plonger la tête du suspect dans une baignoire jusqu'à suffocation, voire évanouissement, à lui faire ingérer de grandes quantités de liquide via un tuyau de gaz placé dans la bouche, relié à un bidon ou un robinet, à l'électrocuter par la « gégène » à l'aide de pinces placées sur son corps humide. « Tu torturais en spécialiste, parachutiste. »

Parmi ces tortionnaires, et non des moindres, Jean-Marie Le Pen alors membre du 1er régiment étranger de parachutistes (1er REP). L'homme ne s'en est d'abord pas caché avant d'entrer dans le déni pour ne pas desservir sa longue carrière politique en tant que leader du principal parti d'extrême droite français. Outre les propos anciens de Le Pen sur ses exactions, les témoignages de victimes font foi, aux côtés des preuves matérielles. Ainsi, sait-on, depuis 2003, qu'en mars 1957, Le Pen est impliqué dans l'assassinat d'Ahmed Moulay, torturé par électrocution à son domicile, devant sa famille, puis exécuté. On retrouve son cadavre la bouche tailladée au couteau; la version officielle annonce qu'il a été tué à la mitraillette en tentant de s'enfuir. Or, l'un de ses fils, présent ce soir-là, qui n'a jamais pu obtenir justice, a récupéré une ceinture de parachutiste oubliée sur les lieux du crime à laquelle est accroché un couteau. Il le conserve toute sa vie durant et le confie en ce début de XXIe siècle à un journaliste du Monde*, le quotidien étant attaqué en justice pour diffamation par le chef du FN. Sur la lame grise du poignard de facture allemande, très prisé des Jeunesses hitlériennes en leur temps, on lit: «J.-M. LE PEN 1er REP». «C'est pas exprès que t'étais fasciste, parachutiste»... En l'occurrence, il faut croire que si.*

Maxime Le Forestier a sorti la chanson de son répertoire ; il ne la joue plus sur scène depuis 1976 car, dit-il, elle « faisait basculer le spectacle vers le meeting politique », et il ne souhaitait être réduit au rôle de chanteur contestataire. Les années *Peace & Love* qui ont succédé à la guerre d'Algérie sont loin derrière lui ; ses positionnements politiques, ses colères et ses révoltes ont évolué. Sa chanson, elle, conserve une force intacte. Elle reste d'actualité tant les agissements des unités parachutistes durant la guerre d'indépendance algérienne restent frappés du sceau de l'infamie et d'une pratique de la torture à large échelle, de mieux en mieux documentée.

Pour aller plus loin

Tramor Quemeneur (dir.), *Dictionnaire de la guerre d'Algérie*, Bouquins, 2023.

Fabrice Riceputi, *Le Pen et la torture*, Le Passager clandestin, 2024.

Mississippi Goddam

Une putain de rage dans un sale État

États-Unis (1964)

The name of this tune is Mississippi Goddam
And I mean every word of it
Alabama's gotten me so upset
Tennessee made me lose my rest
And everybody knows about Mississippi Goddam

Le nom de cet air est « Mississippi Goddam »
Et j'en pense chaque mot
L'Alabama m'a tellement énervée
Le Tennessee m'a fait perdre mon calme
Et tout le monde sait ce qu'il en est
de ce satané Mississippi

Ne le voyez-vous pas, ne le sentez-vous pas ?
C'est là, tout autour de nous
Je ne peux supporter la pression plus longtemps
Que quelqu'un dise une prière
L'Alabama m'a tellement énervée…

Cet air fait partie d'un spectacle
Mais la pièce n'a pas encore été écrite.
Des chiens de chasse sur ma trace
Des enfants en prison
Un chat noir croise mon chemin
Je pense que chaque jour qui passe va être mon dernier

Seigneur, prends pitié de mon pays
Nous l'obtiendrons tous quand sonnera l'heure
Je ne suis pas d'ici, je ne suis pas de là
Je ne crois plus à cette prière

Ne me dites pas, je vous le dis
Moi et mon peuple presque pour cette raison
J'étais là donc je sais
Ils continuent à dire : « Allez-y doucement ! »

Mais c'est bien ça, l'ennui, « Allez-y doucement »
Laver les carreaux, « Allez-y doucement »
Cueillir le coton, « Allez-y doucement »
Vous êtes complètement pourris, « Allez-y doucement »
Vous êtes trop paresseux, « Allez-y doucement »
Ces pensées sont folles, « Allez-y doucement »
Où suis-je en train d'aller ? Que suis-je en train de faire ?
Je ne sais pas, je ne sais pas

Essaie juste de faire de ton mieux
Redresse la tête et fais-toi une place parmi les autres

Parce que tout le monde sait ce qu'il en
est de ce satané Mississippi

Je parie que vous croyiez que je plaisantais, n'est-ce pas ?
Des piquets de grève, des boycotts d'écoles
Ils veulent faire croire à une conspiration communiste
Tout ce que je veux, c'est l'égalité
Pour ma sœur, mon frère, mon peuple et moi
Oui, vous m'avez menti toutes ces années
Vous m'avez dit de me laver et de me nettoyer les oreilles
Et de parler de manière distinguée, comme une dame
Et vous cesseriez de m'appeler Sister Sadie

Oh mais ce pays tout entier est plein de mensonges
Vous allez tous mourir et tomber comme des mouches
Je ne vous fais plus confiance
Vous continuez de dire : « Allez-y doucement ! »
« Allez-y doucement ! »

Mais c'est bien ça le problème, « Allez-y doucement »
Déségrégation, « Allez-y doucement »
Participation de masse, « Allez-y doucement »
Réunification, « Allez-y doucement »
Faites les choses progressivement, « Allez-y doucement »
Mais ça apporte plus de drames, « Allez-y doucement »
Pourquoi ne le voyez-vous pas ?
Pourquoi ne le sentez-vous pas ?
Je ne sais pas, je ne sais pas

Vous n'avez pas à vivre à côté de moi
Accordez-moi simplement l'égalité
Tout le monde sait ce qui se passe dans le Mississippi
Tout le monde sait ce qui se passe en Alabama
Tout le monde sait ce qu'il en est de ce satané Mississippi
C'est tout !

Paroles de Nina Simone,
traduction d'Étienne. Augris.

Cette chanson est un cri de rage, de la part d'une artiste qui a tout fait pour éviter de s'engager, en se concentrant sur la musique. Mais que faire quand on se destine à une carrière de pianiste classique empêchée par sa seule couleur de peau ? Que faire lorsque les injustices et les morts s'accumulent dans le sud des États-Unis ? Que faire quand les musiciens noirs sont forcés de jouer devant des salles séparées entre Noirs et Blancs ? Ces questions ont hanté la vie de Eunice Kathleen Waymon, née en 1933 en Caroline du Nord.

Eunice s'est sagement tenue à l'écart de tout engagement jusqu'à ce jour de septembre 1963. Pourtant, depuis qu'elle fréquente les intellectuels noirs de Greenwich Village, elle entend régulièrement des invitations à se prononcer clairement, comme l'ont fait avant elle plusieurs artistes noirs. Mais elle tient la ligne fixée par sa mère quant aux chansons : « *No real songs* ». Eunice a grandi dans un environnement très religieux où la musique fait partie du quotidien. Sa famille compte une dizaine de pasteurs. Sa mère officie en tant que prédicatrice dans son église méthodiste. Son père lui fait néanmoins écouter discrètement les chansons « séculières » qu'il aime, ces *real songs* qui éloigneraient de la piété religieuse...

Comme elle le dit dans la chanson, elle a pourtant tout fait pour « parler de manière distinguée », se conformer aux normes de la société blanche dominante de sa Caroline du Nord natale. Son rêve : devenir pianiste classique. Mais, au moment de postuler pour le prestigieux conservatoire de Philadelphie, le Curtis Institute of Music, elle est étrangement recalée. Une décision qu'elle lie au fait d'être la seule Africaine-Américaine parmi les candidats. Ce rêve brisé la hante toute sa vie. Deux jours avant sa mort en 2003, elle apprend qu'elle va recevoir un diplôme honoraire de cet institut ! Et si elle a commencé à jouer du jazz dans des bars, c'est pour financer ses cours privés de piano. C'est pourtant ainsi qu'elle connaît une trajectoire ascendante, enregistrant des albums et s'installant à New York. Elle se fait désormais appeler Nina Simone, en hommage à l'actrice française Simone Signoret qu'elle admire et une manière de cacher à sa mère qu'elle joue « la musique du Diable ». Mais elle se tient toujours à l'écart des *real songs*, malgré les injonctions de son amie, la dramaturge Lorraine Hansberry. Au sein de la communauté africaine-américaine, les artistes sont encore prudents, partagés entre le désir de percer et l'envie de crier leur désir que les choses changent, à l'image de Sonny Rollins (« *Freedom Suite* », 1958), de Charles Mingus (« *Fables of Faubus* », 1959) ou de Max Roach et Oscar Brown Jr. (« *We Insist! Freedom* », 1960).

Une lutte sans fin

La condition des Africains-Américains a en effet peu évolué depuis 1945. Les blocages persistent et la ségrégation est plus forte que jamais, comme le rappelle le lynchage d'Emmett Till en 1955 – un jeune Noir de Chicago en vacances dans ce « satané » Mississippi. Pourtant, le couvercle semble prêt à sauter.

Lorsque Martin Luther King devient, en 1954, à vingt-cinq ans, pasteur d'une église baptiste de Montgomery (Alabama), la Cour suprême, présidée par Earl Warren, vient de déclarer inconstitutionnelle la ségrégation scolaire par l'arrêt *Brown v. Board of Education of Topeka*. Elle reconnaît que les écoles pour les Noirs n'offrent pas la même éducation que les écoles blanches. C'est la fin de la fiction du « séparés mais égaux ». La stratégie de la NAACP (National Association for the Advancement of Colored People, créée en 1909), à l'origine de cette action, est alors bien rodée : susciter un procès local toujours perdu, puis faire appel à la Cour suprême. Dès 1955, Rosa Parks, en refusant de céder sa place dans un bus de Montgomery, offre une nouvelle occasion. King y ajoute sa stratégie d'action non violente, qui a pour but de mobiliser les habitants noirs de la localité et de susciter l'attention des médias nationaux, seule propre à emporter l'adhésion de l'opinion publique blanche. Il préside à l'organisation du boycott des bus de la ville par les Noirs pendant un an. Plaçant la compagnie au bord de la faillite, la campagne est couronnée de succès, lorsque la Cour suprême déclare inconstitutionnelle la ségrégation dans les bus en décembre 1956. Cette stratégie peut désormais être reproduite ailleurs dans le Sud. Les campagnes se multiplient : sit-in dans les restaurants de Greensboro en 1960, bus mixtes inter-États en 1961 (*Freedom Rides*), manifestations à Birmingham en 1963, inscriptions électorales (*Freedom Summer*) en 1964 et, finalement ,marche entre Selma et Montgomery en 1965. Malgré les nombreux blessés, et parfois les morts, la détermination de King assure au mouvement de nombreuses victoires symboliques qui obligent villes et États à mettre fin à la ségrégation de fait, une fois celle-ci abolie en droit.

Le contraste entre le calme et la discipline de militants bien formés et la violence des réactions des suprémacistes blancs et des forces de l'ordre permet au mouvement de marquer des points dans l'opinion. Dans quelques villes et États, King sait pouvoir compter sur la brutalité des autorités : les gouverneurs de l'Arkansas, Orval Faubus, et de l'Alabama, George Wallace, ou les chefs de la police de Birmingham, « Bull » Connor, et de Selma, Jim Clark. Point culminant de cette mobilisation, la marche sur Washington du 28 août 1963 qui permet à King d'affirmer son rêve d'une Amérique où Blancs et Noirs cohabiteraient. Pourtant, le discours prophétique de King en laisse beaucoup sceptiques. Il parle du futur, mais le présent apporte son lot de mauvaises nouvelles. À la fin de ce discours, un homme s'était levé et avait hurlé : « *Fuck that dream, Martin! Now, Goddam it, now!* » – que l'on pourrait traduire non littéralement par : « Le changement c'est maintenant ! »... Comme en écho à cette injonction, Nina Simone écrit sa chanson en septembre.

« Allez-y doucement ! »

Cette année 1963 donne en effet peu de raisons d'espérer. En mars-avril débute la campagne de Birmingham en faveur des droits civiques. Les images des manifestants agressés violemment par des chiens dressés, les arrestations massives d'enfants et d'adolescents (« Des chiens de chasse sur ma trace / Des enfants en prison ») par des forces de police aux ordres de l'impitoyable Bull Connor font rapidement le tour du monde et choquent profondément l'opinion publique américaine. Le gouvernement fédéral se doit de réagir.

Le 12 juin, Medgar Evers, activiste du mouvement des droits civiques, est assassiné à Jackson. Il s'était vu refuser, quelques années plus tôt, l'entrée à l'université du Mississippi. Tout au long de l'année 1962, il avait soutenu la cause de James Meredith, qui lui aussi tentait de faire céder ce bastion de la ségrégation. Ils ont tous les deux droit à une chanson de Bob Dylan. Nina Simone raconte que le combat de Meredith l'a profondément touchée. L'assassin d'Evers, Byron De La Beckwith, un tenant de la suprématie blanche hostile aux transformations qui affectent la société sudiste, est acquitté à deux reprises par des jurys locaux composés de Blancs favorables au maintien de la ségrégation. Ce n'est qu'en 1994, avec le dépaysement du procès (loin du Mississippi) que La Beckwith est enfin condamné (à perpétuité).

Mais l'événement qui fait sortir Nina Simone de ses gonds, c'est l'attentat contre une église de Birmingham. Le dimanche 15 septembre 1963, quatre membres du Ku Klux Klan local font exploser l'église baptiste dans laquelle se tient un culte. Quatre filles qui se trouvaient dans le sous-sol sont tuées : Addie Mae Collins (quatorze ans), Cynthia Wesley (quatorze ans), Carole Robertson (quatorze ans) et Denise McNair (onze ans). Une vingtaine d'autres personnes sont blessées. L'église baptiste de la 16e Rue est la plus ancienne église noire de la ville et était visée comme telle.

L'émotion est immense dans tout le pays. Dans ses mémoires, Nina Simone raconte qu'elle est habitée par une telle rage qu'elle cherche à confectionner un pistolet dans le but de tuer « n'importe qui que je pourrai identifier comme s'opposant à ce que mon peuple obtienne justice pour la première fois en trois cents ans». C'est le moment où son deuxième mari, un policier nommé Andrew Stroud (dont elle dénoncera plus tard les violences), entrant dans la pièce, lui dit qu'elle n'y connaît «rien sur l'art de tuer; la seule chose que tu aies c'est la musique» avant de sortir. Comme le raconte l'auteur britannique Dorian Lynskey, «elle va vers son piano. Une heure plus tard, elle a sa première *protest song*». Ce sont, dira-t-elle plus tard, «dix balles que je tire contre les terroristes de Birmingham».

Elle chante «*Mississippi Goddam*» dès l'année suivante, la chanson n'étant pas enregistrée en studio mais jouée lors des concerts, à commencer par Los Angeles. Progressivement, elle adapte les paroles, ajoutant comme pour en atténuer la violence, que le spectacle n'est pas encore écrit. Sa performance du Carnegie Hall, en mars 1964, est enregistrée pour son album *Nina Simone in Concert*. Ce concert, devant un public essentiellement blanc, rend palpable le malaise de l'artiste comme de la salle, qui rigole au début, interpellée par Nina Simone. La chanson se faisant de plus en plus claire et la colère grandissant fortement dans les paroles comme dans l'intensité, rendent la force de ce tournant dans la vie et la carrière de la pianiste et chanteuse. Avec cette chanson et l'obsédante phrase «Allez y doucement», Nina Simone marque sa volonté d'en finir avec les atermoiements qui repoussent toujours au lendemain la fin véritable de la ségrégation et des violences racistes. Avec détermination et courage, elle crache son mépris du racisme et de ceux qui s'en accommodent. Elle dit qu'elle ne veut plus faire semblant ni qu'on lui manque de considération, en citant la manière de nommer un personnage des *Aventures d'Huckleberry Finn* de Mark Twain, *Sister Sadie*. Plusieurs États du Sud refusent de la diffuser, officiellement en raison du langage grossier utilisé. À la télé, elle ne doit pas dire « *Goddam* », mais elle le murmure sur ses lèvres...

La lutte des Africains-Américains est à un tournant, soutenue au niveau fédéral par les présidents Kennedy, puis Johnson; lequel fait voter les deux lois majeures de 1964 sur les droits civiques et de 1965 sur le droit de vote. King porte le combat sur le terrain économique et social. Mais ses campagnes dans le Nord (Chicago) sont des échecs. Il assume des positions plus progressistes socialement et critique la guerre du Vietnam qui détourne des sommes importantes au détriment des programmes sociaux prévus par Johnson. Parmi les Africains-Américains, les tensions prennent le dessus et King ne fait plus l'unanimité, débordé par de plus radicaux (comme Malcolm X) qui le qualifient parfois « d'oncle Tom » (une manière de dire qu'il travaille pour les Blancs), et jugé dangereux par les plus modérés qui ne se sont ralliés à ses actions que parce qu'elles étaient efficaces. À sa mort, les réactions violentes dans les quartiers noirs des grandes villes, après plusieurs étés d'émeutes, signalent que la non-violence n'est plus le moyen privilégié par tous. Le *Black Power* et l'auto-défense du Black Panther Party s'affirment, surveillés de près par le FBI... Au cours des années 1960, Nina Simone ajoute aux paroles de la chanson, lors des concerts, les villes qui continuent de la désespérer : Saint Augustine, Selma, Watts et finalement Memphis lorsqu'elle pleure l'assassinat de King en 1968. Elle lui consacre aussi une chanson : « *Why? (The King Of Love Is Dead)* »

Le chemin reste alors long à parcourir. Un seul exemple, les responsables de l'attentat de Birmingham, qui a tant ému Nina Simone, n'ont été condamnés que plusieurs décennies après les faits – le dernier en 2002.

Soul Vietnam

Depuis 1964, les États-Unis sont plongés dans la guerre au Vietnam. L'enlisement dans un conflit d'une violence inouïe, avec l'envoi sur place de toujours plus de soldats, et l'absence de perspectives de victoire rapide provoquent un vaste mouvement de contestation au sein de la société américaine. Parmi les militants antiguerre, les Africains-Américains cherchent à se faire entendre. Le système de conscription, très injuste, envoie un nombre disproportionné d'entre eux au front. Surreprésentés aux postes de combat, ils subissent plus de pertes (22 % des soldats tués en 1966 sont noirs alors qu'ils représentent 12,5 % des effectifs globaux). Le traitement inégalitaire et le racisme subis par les soldats noirs au sein des unités cantonnent ces derniers aux postes subalternes. Enfin, le coût de la guerre empêche la réalisation des programmes sociaux aux États-Unis.

Dans ces conditions, rien d'étonnant à ce que les musiciens sonnent la charge. Dès 1965, J. B. Lenoir compose «Vietnam Blues»: une charge frontale contre la guerre. Il y pointe les *contradictions de son pays qui prétend combattre au nom de la liberté et de la démocratie et tolère, en son sein, la perpétuation du racisme. Nina Simone adapte en chanson le poème* «Backlash Blues» *de Langston Hughes. Grande figure de la renaissance de Harlem, l'écrivain dénonce l'hypocrisie d'autorités reniant leur pleine citoyenneté aux Africains-Américains, sauf quand il s'agit de se faire trouer la peau… « M. Backlash, M. Backlash, / Pour qui me prenez-vous ? / Vous augmentez mes impôts, gelez mon salaire / et envoyez mon fils au Vietnam / Vous me donnez des maisons de seconde classe / et des écoles de seconde classe / Pensez-vous que tous les gens de couleur / soient seulement des fous de seconde classe / M. Backlash, je vous quitte / avec votre* Backlash Blues. »

Dans le même esprit, en février 1970, Martha and the Vandellas dénoncent l'hypocrisie américaine dans « I Should Be Proud *», une protest song dans laquelle elle prête sa voix à une femme racontant le choc reçu à la réception d'un télégramme annonçant la disparition de son fiancé, parti combattre au Vietnam. Pour les autorités, les médias, l'entourage, la victime a combattu pour défendre la liberté et la patrie. Pour sa veuve, au contraire, John C. Miller a été sacrifié par une société violente, raciste, et inégalitaire.*

Norman Whitfield et Barrett Strong, auteurs et sorciers du son « Motown *», composent «* War *», une charge frontale contre la guerre qu'ils confient à Edwin Starr. L'énorme rugissement du chanteur transforme le titre en un hymne antimilitariste puissant et irrésistible. Les cuivres explosent comme des balles traçantes, tandis que la voix assène un message simple et efficace : « La guerre, hein, à quoi sert-*

elle ? Absolument à rien.» Le succès de ce morceau est immédiat, en particulier parmi les GIs.

Enfin, «I Can't Write Left-Handed» *de Bill Withers revient sur les amputations et blessures provoquées par les combats.*

Pour aller plus loin

Dorian Lynskey, *33 Révolutions par minute : Une histoire de la contestation en 33 chansons*, Rivage rouge, 2012.

Caroline Rolland-Diamond, *Black America : Une histoire des luttes pour l'égalité et la justice (XIXe-XXIe siècle)*, La Découverte, 2016.

Halte au Front

La jeunesse emmerde encore le Front national

France (1997)

Quand je le vois à la télé
J'ai envie de dégueuler
Son discours de facho
Me donne toujours la nausée
J'ai nommé Jean-Marie
Et sa bande de pourris !
Halte au Front national
Et sa bande de chacals
Halte au Front national
À la haine raciale
Ceux qui votent pour lui
Ont déjà oublié
Que ces gens ne savent pas
Ce qu'est la liberté
J'ai nommé
J'ai nommé Jean-Marie
Et sa bande de pourris
Halte au Front national
Et sa bande de chacals

Halte au Front national
À la, à la, à la haine raciale
Halte au Front
Halte au Front
Halte au Front, à Le Pen
À Mégret et compagnie…
Halte au Front national
Et sa bande de chacals
Halte au Front national
À la haine raciale
Halte au Front national
Halte au Front national
Halte au Front national
À la haine raciale
Halte au Front (3x)
Mort aux cons
Halte au Front (3x)

PAROLES ET MUSIQUE DU GROUPE LES SALES MAJESTÉS

DERRIÈRE LES FORMATIONS MYTHIQUES du punk-rock français (des fondateurs tels Les Olivensteins et Métal Urbain aux têtes de gondoles que furent les Bérurier noir) se cachent une multitude de formations qui ont écumé les salles de concert, autoproduit leurs disques et fabriqué leur merchandising en *Do-It-Yourself.* Les Sales Majestés sont de cette trempe. Originaire de la banlieue Ouest de Paris, le groupe se forme dans la seconde partie des années 1980, autour des jumeaux Cessinas, prénommés Arnaud (Arno Futur pour la scène) et Yves. Après un premier 45-tours autoproduit «Là-bas, la colère» en 1988, il faut attendre le milieu de la décennie suivante pour que LSM sortent leur premier album, intitulé *Bienvenue,* sous l'étiquette DKP (Destroy Keupon Production) distribuée par Bondage, label emblématique de la scène dite alternative hexagonale. En 1996, le titre «Halte au Front» ouvre leur disque suivant dont la couverture est un dessin noir et blanc photocopiable. Il s'agit d'une réinterprétation du tableau de Delacroix, *La Liberté guidant le peuple,* dans laquelle un «keupon» (comprenez un punk) à crête, juché sur un tas de pavés formant une barricade, guide les gars de sa cité. Le meneur en jean et débardeur brandit une pancarte sur laquelle on lit: «HALTE AU FRONT», tandis que d'autres sont posées ou tenues pour indiquer les différents titres des morceaux.

Chez Les Sales Majestés, on est anarcho-punk et on manie volontiers les références révolutionnaires. Qu'on se le dise.

C'est pourquoi l'extrême droite est l'ennemi de LSM. Dans la nébuleuse du punk français, le sujet n'est pas totalement inédit, même si les approches et la radicalité des propos diffèrent. Les Ludwig Von 88, par exemple, n'y vont pas avec le dos de la cuillère. En 1987, dans «Tuez-les tous», ils appellent à «tirer sur ces pourris qui pensent comme des nazis, qui bavent comme des débiles, derrière des chefs de file; toute cette foule ordurière, à genoux sous des bannières, rampant sous des drapeaux, braillant comme des pourceaux». Passer des pourceaux à la «Porcherie» pour vilipender l'extrême droite est un pas que l'on franchit allègrement avec les Bérurier noir. Le refrain et slogan du titre «La jeunesse emmerde le Front national», inséré en *live*, ne saurait résumer à lui seul la violente charge politique contenue dans la chanson qui évoque un large spectre de régimes autoritaires, que ce soit au Chili ou en Afrique du Sud. Les Sales Majestés resserrent la focale sur la situation nationale. En quelques strophes rageuses, ils battent à leur tour le rappel pour stopper le FN.

En ce milieu des années 1990, le FN et ses idées se sont largement diffusés dans l'espace médiatique et politique. Bien que la carrière politique de Le Pen se soit longtemps tenue loin des caméras, depuis le début des années 1980, celles-ci ne le quittent plus des yeux – même si lui n'en a qu'un. À ce moment-là, Jean-Marie Le Pen n'arrive même pas à se présenter aux présidentielles de 1981, faute de signatures suffisantes. Depuis la création de son parti en 1972, agglomérat de groupuscules dont celui d'Ordre nouveau, il y a bien eu quelques frémissements électoraux mais pas de quoi affoler les rédactions. C'est à Dreux en 1983 que la vapeur se renverse. La ville, avec ses 23 % d'immigrés et ses 10 % de chômeurs, offre un terreau favorable aux idées du Front national. Depuis le milieu des années 1970, ce parti fait des étrangers les boucs émissaires, responsables, selon lui, de la dégradation de la situation économique française. Aussi, lorsque les listes du candidat de droite et de celui du FN, Jean-Pierre Stirbois, fusionnent pour battre le maire sortant socialiste et emporter la mairie cette année-là, offrant au parti de Le Pen ses premiers mandats municipaux (Stirbois devient maire adjoint), il n'est plus question d'ignorer médiatiquement la « montée du Front national ». Dès lors, Jean-Marie Le Pen et (un peu moins) ses sbires ne quittent plus l'avant-scène médiatique : sur le petit écran, le leader du FN devient une figure familière des Françaises et Français. Avec lui, les idées du parti infusent dans le débat public ; aujourd'hui, elles le déterminent.

Dès février 1984, Le Pen a les honneurs de l'émission phare du service public, sur Antenne 2 : « L'heure de vérité ». Pourtant, comme le rappelle le présentateur de l'émission, François-Henri de Virieu, le FN n'est alors pas grand-chose sur le plan politique national. L'intérêt que portent les médias au leader du FN est palpable sur le plateau où des dizaines de photographes sont présents, déclenchant leurs obturateurs derrière le public, puis au plus près de l'invité, une fois l'émission terminée. Il s'agit d'immortaliser l'entrée dans la cour des grands d'un responsable politique jusqu'alors jugé indésirable par les « grands » médias tandis qu'à l'extérieur, se tient une manifestation d'opposants à sa venue en plateau. En bon animal politique, Jean-Marie Le Pen n'a pas déçu l'intérêt des médias avec lesquels il noue des relations très ambivalentes. Il a fait le buzz, se levant brusquement et interrompant l'émission pour dédier une minute de silence « aux millions d'hommes tombés sous les dictatures communistes ». Ses passes d'armes avec les éditorialistes en plateau lui permettent d'expliquer qu'il n'est pas raciste mais tout simplement français. Par la suite, Le Pen jouera souvent cette même partition face aux médias, entre coups d'éclat et diffusion de son discours de haine, victimisations et provocations, s'assurant ainsi d'occuper régulièrement les devants de la scène.

Jean-Marie Le Pen revint encore huit fois à « L'heure de vérité », dès mai 1987 pour y traiter les malades du Sida en lépreux à enfermer dans des « sidatoriums ». En septembre 1987, invité du « Grand jury RTL/*Le Monde* », le leader du parti d'extrême droite tient des propos négationnistes sur l'existence des chambres à gaz : elles ne seraient pas « une vérité éprouvée à laquelle tout le monde doit croire » mais un simple « point de détail de l'histoire de la Seconde Guerre mondiale ». Un an plus tard, Le Pen squatte la rentrée politique et médiatique : d'une part, le leader du FN vilipende devant ses militants le ministre Michel Durafour et finit sa tirade par un « jeu de mots » sur son patronyme « Durafour crématoire ». D'autre part et dans le même temps, sa marionnette est introduite dans l'émission « Les Guignols de l'info » sur Canal +. En septembre 1989, TF1 organise une confrontation sur la thématique phare du Front national, l'immigration, entre Jean-Marie Le Pen et Bernard Tapie, alors député de Marseille. Les audiences explosent bien que le débat ait lieu à 23 heures. En 1994, le « Journal de 20 heures » d'Antenne 2 réinstalle les deux hommes en plateau ; le présentateur Paul Amar offre deux casques et paires de gants de boxe à ses invités. Une mise en scène qui transforme le débat politique en spectacle médiatique – ce qu'il est déjà par bien des aspects. En août 1996, le leader du FN capte à nouveau l'attention des médias lorsqu'il déclare croire en l'inégalité des races, lors de l'université d'été de son parti qui se tient à La Grande-Motte. Ainsi va le parcours médiatique de Jean-Marie Le Pen entre 1981 et 1996. Il dit en creux l'emprise de « son discours de facho » sur le débat public français de ce temps, qui se mesure par des gains substantiels en termes d'accès aux responsabilités politiques.

De fait, le racisme a saisi la société française bien en amont de la montée en puissance du FN. Toutefois, en 1983, les résultats de Dreux à peine enregistrés, deux assassinats racistes se produisent. Ils se déroulent durant la « Marche pour l'égalité et contre le racisme » qui suscite alors moins d'intérêt que lors de son arrivée triomphale à Paris. La haine ordinaire de l'étranger/immigré frappe d'abord Habib Grimzi, agressé au couteau puis défenestré du train Bordeaux-Vintimille par trois aspirants légionnaires. Puis le petit Taoufik Ouannès est tué d'un coup de fusil tiré par un voisin à La Courneuve. L'émotion née de ces assassinats n'empêche pas Jean-Marie Le Pen et son parti de mener à bien leur entreprise d'ethnicisation des questions sociales et économiques. « Le travail au Français », dit le slogan de 1973 : avec lui, « le Front national emploie un angle d'attaque inédit au sein de l'extrême droite française. Il délaisse un racisme explicite pour viser les immigrés et se couvre derrière des arguments socio-économiques », indique l'historienne Valérie Igounet. « Ni de droite, ni de gauche, Français ! », « 1 million de chômeurs, c'est 1 million d'immigrés de trop ! », « Mains propres, tête haute » sont autant de slogans qui disent les axes politiques d'un parti que les seconds couteaux, tel Bruno Mégret, s'emploient à enraciner dans la vie politique nationale. Peu importe la réalité des liens entre chômage et immigration (de fait, les immigrés sont les premières victimes des plans sociaux) et l'origine douteuse de la fortune de Le Pen, les idées du FN sont intégrées au débat politique. Comme le dit Laurent Fabius, son leader « pose de bonnes questions mais y apporte de mauvaises réponses ». Même si ses résultats électoraux varient en fonction des modes de scrutin, le parti de Le Pen s'enracine et s'impose dans le débat public.

C'est peut-être en jetant un regard dans le rétroviseur de l'année écoulée que Les Sales Majestés ont écrit « Halte au Front ». En février 1995, la campagne électorale bat son plein dans la cosmopolite cité phocéenne, qui fut le théâtre de sanglants crimes racistes à l'été 1973. Les élections présidentielles et municipales auront lieu dans quelques mois. L'un des militants armés du FN, colleur d'affiches, tire au soir du 21 février sur un jeune Français de dix-sept ans, Ibrahim Ali, d'origine comorienne. Bruno Mégret et Jean-Marie Le Pen exploitent le meurtre du jeune homme qu'ils transforment en agresseur délinquant et en symbole d'une immigration incontrôlée et pléthorique. Après le premier tour des présidentielles, à l'issue duquel Le Pen est crédité de 15 % des voix, un groupe d'individus ayant participé au défilé du 1er Mai à Paris, membres du FN pour certains, quitte le rassemblement: Brahim Bouarram les croise à hauteur du pont du Carrousel. L'un d'entre eux, Mickaël Fréminet, le jette alors dans la Seine, dans laquelle il se noie. En dépit de cela, au mois de juin, trois villes françaises passent aux mains du FN: Toulon, Orange et Marignane. À Vitrolles, l'élection du second de Le Pen, Bruno Mégret, est invalidée en raison d'irrégularités dans ses comptes de campagne. En 1997, sa femme Catherine emportera la mairie. L'année suivante, Le Pen, menacé dans son rôle de chef par Bruno Mégret, élimine «cette bande de chacals»: il vire du parti tous ses sbires trop ambitieux. Ces querelles internes laissent espérer un affaiblissement du mouvement. On sait aujourd'hui que l'épisode ne fut qu'un court répit dans la vie du pays.

Quatre ans plus tard, en avril 2002, Le Pen se qualifiait pour la première fois au second tour de la présidentielle. Sa fille Marine Le Pen, à la tête d'un parti renommé Rassemblement national, emboîte le pas à son père aux présidentielles de 2017 et 2022. Mise en situation de gouverner la France en juin 2024 avec la dissolution de l'Assemblée par Emmanuel Macron, on réentend «La jeunesse emmerde le Rassemblement national» mais, réellement, dans le temps du sursis qui semble être le nôtre, on s'interroge pour savoir comment faire «Halte au Front». Et une chanson n'y suffira pas, hélas.

«Musique nègre»

«Je vais rester là même si ça les dérange. C'est notre musique qu'ils n'aiment pas. C'est notre couleur qu'ils dénigrent.»

Les rappeurs, au même titre que d'autres artistes, n'ont eu de cesse de dénoncer le racisme «décomplexé» (et multi-condamné) des partisans du Front national et de leur leader, mais aussi d'une partie de la droite et des lois qu'ils font passer. Du «Bruit et l'odeur» de Zebda à «11'30 contre les lois racistes» de 1997, en passant par le plus récent (mais aussi plus controversé et nettement moins bon...) «No pasarán»*, ces artistes ont su trouver les mots et les mélodies pour dénoncer les saillies racistes et les lois qui les relaient. En 2016, après l'annulation du concert de Black M, prévu à Verdun à l'occasion du centenaire de la bataille, le président de Radio Courtoisie affirme vouloir bannir «la musique nègre». Candidat à la présidence de la République, Henry de Lesquen précise: «Cela concerne le jazz, le blues, le rock'n'roll et bien sûr l'immonde rap. La musique nègre s'adresse à notre cerveau reptilien et provoque un ensauvagement de la culture occidentale.»*

Réaction immédiate de quelques-uns des rappeurs les plus engagés, menés par Kery James, Youssoupha et Lino. Ils enregistrent un morceau tout simplement nommé «Musique nègre», aux multiples références à un panthéon noir composé de Thomas Sankara, Rosa Parks, Toussaint Louverture, le Black Panther Huey P. Newton ou Martin Luther King. Ils ciblent le racisme, ordinaire ou pas, celui de Michel Leeb, Laurent Blanc ou Jacques Chirac, ou encore les violences policières dont a été victime Adama Traoré. Prononçant quelques lignes en créole haïtien ou en lingala (langue des pays d'origine de Kery et Youssoupha), ils mêlent brillamment fierté et dénonciation. Une brochette de rappeurs complète le trio dans le clip réalisé par Leïla Sy. Kery, Youssoupha et Orelsan y reconstituent notamment la célèbre photo du podium du 200 mètres des JO de Mexico de 1968, poing levé pour les deux premiers. Quant à Henry de Lesquen, il sera condamné à 16 000 euros d'amende pour provocation à la haine et contestation de crime contre l'humanité.

POUR ALLER PLUS LOIN

Christian Delacroix et Michelle Zancarini-Fournel, *1945-2005: La France du temps présent*, Belin, 2010.

Solveig Serre et Luc Robène, *Punk is not dead: Lexique franco-punk*, Nova, 2019.

« Ils ont gueulé si fort qu'ils peuvent gueuler encore »

La petite fée

La magie Béranger

France (1817)

Enfants, il était une fois
Une fée appelée Urgande ;
Grande à peine de quatre doigts,
Mais de bonté vraiment bien grande.
De sa baguette un ou deux coups
Donnaient félicité parfaite.
Ah ! bonne fée, enseignez-nous
Où vous cachez votre baguette !

Dans une conque de saphir,
De huit papillons attelée,
Elle passait comme un zéphyr,
Et la terre était consolée.
Les raisins mûrissaient plus doux ;
Chaque moisson était complète.
Ah ! bonne fée, enseignez-nous
Où vous cachez votre baguette !

C'était la marraine d'un roi
Dont elle créait les ministres ;
Braves gens soumis à la loi,
Qui laissaient voir dans leurs registres.
Du bercail ils chassaient les loups
Sans abuser de la houlette.
Ah ! bonne fée, enseignez-nous
Où vous cachez votre baguette !

Les juges, sous ce roi puissant,
Étaient l'organe de la fée ;
Et par eux jamais l'innocent
Ne voyait sa plainte étouffée.
Jamais par l'erreur à genoux
La clémence n'était muette.
Ah ! bonne fée, enseignez-nous
Où vous cachez votre baguette !
Pour que son filleul fût béni,
Elle avait touché sa couronne ;
Il voyait tout son peuple uni,
Prêt à mourir pour sa personne.
S'il venait des voisins jaloux,
On les forçait à la retraite.
Ah ! bonne fée, enseignez-nous
Où vous cachez votre baguette !

Dans un beau palais de cristal,
Hélas ! Urgande est retirée.
En Amérique tout va mal ;
Au plus fort de l'Asie est livrée.
Nous éprouvons un sort plus doux ;

Mais pourtant, si bien qu'on nous traite,
Ah! bonne fée, enseignez-nous
Où vous cachez votre baguette!

PAROLES DE PIERRE-JEAN DE BÉRANGER.

AU COURS DE LA RÉVOLUTION FRANÇAISE, le futur Louis XVIII, frère cadet de Louis XVI, alors comte de Provence, s'impose comme le chef de l'émigration et du parti royal. Il ronge son frein jusqu'à l'effondrement de l'Empire et l'avènement de la Restauration. Après son retour triomphal à Paris en mai 1814, le nouveau roi octroie la Charte constitutionnelle – compromis entre les principes de l'Ancien Régime et les acquis révolutionnaires. Le roi, restaurateur du drapeau blanc, conserve un rôle primordial. Son autorité est considérée comme sacrée et inviolable. Le Parlement bicaméral comprend une Chambre des pairs, dont les membres sont nommés par le roi, et une Chambre des députés désignés au suffrage censitaire très restreint. La France compte alors moins d'un électeur pour 300 habitants! Louis XVIII a pour lui d'incarner la paix, après plus de vingt ans de conflits, mais le compromis politique consenti par le roi ne satisfait personne, tant le régime accumule les ambiguïtés. D'un côté, la liberté religieuse est assurée, de l'autre le catholicisme redevient religion d'État. Les libertés fondamentales sont reconnues, mais la liberté de la presse ne vaut que si les oppositions évitent de s'exprimer... Or, celles-ci ne manquent pas. Les ultras, ces fous du roi obsessionnels, rêvent au retour d'une monarchie forte. Constitutionnels et doctrinaires cherchent un compromis entre ordre et ouverture. Enfin les libéraux aspirent à ancrer bien plus profondément l'héritage révolutionnaire.

Issu de la petite bourgeoisie, Béranger passe ses premières années au faubourg Saint-Antoine auprès de son grand-père tailleur. Envoyé chez une tante à Péronne, il s'initie à la prosodie et se nourrit de l'idéal révolutionnaire. De retour à Paris, il fréquente théâtres et grisettes, avant d'intégrer en 1813 le Caveau moderne, société chantante installée dans un restaurant de la rue Montorgueil. Le chansonnier y présente ses créations : chansons paillardes, d'amour ou à boire, puis, de plus en plus, satires politiques. En 1813, « Le roi d'Yvetot » moque l'esprit de conquête d'un empereur avide de gloriole, mais déjà mal en point. Le ton devient de plus en plus incisif. Il éreinte la vacuité de la vieille noblesse (« L'habit de cour »), la perversité des jésuites (« Les révérends pères »), les opportunistes (« Le ventru »). À la chute de Napoléon, en 1815, il devient le pourfendeur des Bourbons revenus.

Retour précaire car le fragile édifice institutionnel s'effondre comme un château de cartes lorsque Napoléon quitte l'île d'Elbe et débarque à Golfe-Juan. Sur son trône depuis moins d'un an, le roi prend la poudre d'escampette pour ne revenir qu'à l'issue des Cent Jours, dans les « fourgons de l'étranger ». Il doit désormais composer avec les exigences des puissances occupantes, ainsi qu'avec un parti ultra-royaliste qui réclame vengeance. Dès l'annonce de Waterloo, en juin 1815, une « terreur blanche » s'abat dans le sud du pays. Des bandes royalistes sèment le chaos, massacrant les officiers de l'Empire et persécutant les protestants. Les ultras organisent leur contre-révolution et triomphent aux élections d'août. Grands propriétaires terriens et officiers de retour d'émigration dominent « la Chambre introuvable ».

« Plus royalistes que le roi », ils imposent au gouvernement du duc de Richelieu des lois d'épuration et de terreur. L'administration, l'armée subissent des purges, dont sont victimes les anciens soutiens de la Révolution et de l'Empire, à l'exception des experts en retournement de vestes, type Talleyrand. Les Conventionnels régicides (Carnot, Cambacérès, David) s'exilent dare-dare pour échapper à la condamnation à mort que subissent les maréchaux ralliés à Napoléon en 1815. La loi de Sûreté générale du 31 octobre suspend la liberté individuelle et rend passible de détention sans jugement tout individu suspect. Des tribunaux spéciaux sont établis, 70 000 personnes arrêtées.

En dépit de cette répression, les ultras vomissent la Charte, jugée trop libérale car préservant les principaux acquis de la période révolutionnaire. Dirigés par le comte d'Artois et futur Charles X, ils aspirent à une restauration de l'Ancien Régime en bon uniforme fleurdelisé... Leur intransigeance vient à mettre en péril la politique gouvernementale, obligeant le monarque à dissoudre la Chambre, en septembre 1816. Finalement, une majorité beaucoup plus modérée se dessine, ouvrant la voie à une monarchie un peu plus libérale, permettant de revivifier les courants d'opposition. Les Constitutionnels recrutent parmi la riche bourgeoisie ou l'aristocratie libérale, et comprennent dans leurs rangs de hauts fonctionnaires du régime impérial (Pasquier, Decazes) et des universitaires (Royer-Collard, Cousin, Guizot). Hostiles à toute violence, ils défendent une interprétation conservatrice de la Charte. À partir de 1817, avec la fin des proscriptions et l'atténuation de la fureur ultra-royaliste, émergent les Libéraux, agrégat de tous les éléments d'opposition aux Bourbons, partisans de « l'esprit de 1789 » comme Lafayette, des banquiers tels Périer et Laffitte, d'anciens républicains à l'instar de Manuel ou Dupont de l'Eure, des héros des guerres impériales ou écrivains comme Benjamin

Constant. Ni démocrates, ni révolutionnaires, ils s'accommodent d'une monarchie, mais constitutionnelle, fondée sur la volonté du peuple et nationale.

En 1817, Béranger publie « La petite fée ». À la façon d'un conte pour enfant, le poète invite l'auditoire à suivre la bonne fée Urgande. Voyageant « dans une conque de saphir de huit papillons attelée », munie de sa baguette, elle préside aux destinées de tous et bouleverse le cours des choses selon sa volonté, transformant la contrée de son royal filleul en un pays de cocagne. Un monde juste, merveilleux, en paix s'organise sous sa bienfaisante tutelle ; monarchie éclairée garantissant équité, clémence, respect du droit des sujets. Considérés, ces derniers font preuve de loyauté, prompts à obéir aux lois d'un gouvernement exemplaire et prêts à mourir pour la défense du souverain. Derrière ce tableau en apparence idyllique, la critique du gouvernement de Restauration perce, indirecte et subtile. Si l'auditeur prend le contre-pied de chacun des couplets, il obtient un tableau de la situation politique en 1817, du point de vue de l'opposition au régime. Dans le dernier couplet, la fée regagne son palais, privant le royaume de sa magnanimité. « Ah ! bonne fée, enseignez-nous / Où vous cachez votre baguette » implore le poète dans son refrain. En réclamant de la sorte l'aide d'Urgande, le poète concède que « si bien qu'on nous traite », il y a néanmoins quelque chose de pourri au royaume de Louis XVIII. De fait, privé de baguette magique, contraint à l'immobilité par la goutte, le « roi-fauteuil » peine à contrer la virulence des ultras. En 1824, son frère Charles X monte sur le trône. Drapé dans sa morgue aristocratique, animé par une amertume vengeresse, incapable de prendre le pouls du pays et ignorant les conseils de la bonne fée, il use et abuse de la houlette.

Pendant ce temps, les créations de Béranger, de plus en plus audacieuses, répandent la critique du régime auprès d'un public habitué à déceler la satire des puissants sous les allusions et allégories élégantes. Observateur avisé, maître moqueur patenté, allergique à l'autoritarisme, défenseur acharné de la liberté individuelle et thuriféraire de l'empereur déchu, désigné sous les métaphores les plus inventives («boulet invincible / Qui fracassa vingt trônes à la fois.»), le poète continue à décocher ses traits acérés et ne tarde pas à tâter du bâton de berger...

Les goguettes

Hors du palais Bourbon, dans plusieurs quartiers de Paris, des Sociétés chantantes, les «goguettes», rassemblent les ouvriers réunis pour entonner et déclamer des compositions poétiques ou des airs grivois. La chanson circule sous une forme écrite – celle des imprimés. Les morceaux s'interprètent sur «des timbres», des airs connus de tous. Il n'est donc pas nécessaire d'entendre la musique pour la chanter. Pierre-Jean de Béranger s'impose rapidement comme un modèle pour tous les chansonniers, tant ses couplets patriotiques soulèvent l'enthousiasme. Sa popularité est d'autant plus grande qu'à l'époque, les idées politiques se diffusent par le biais des chansons. Dans un pays où la majorité des conscrits ne savent pas lire, elles permettent, mieux que tout autre médium, de propager les opinions. Conscient de l'effervescence que suscitent les ras-

semblements dans les cafés et goguettes, le gouvernement surveille ce qui s'y chante.

Condamné pour ses couplets sarcastiques à de la prison et à de lourdes amendes en 1821, puis, de nouveau, en 1828, Béranger reçoit dans sa geôle le soutien du gotha littéraire (Hugo, Dumas, Sainte-Beuve) et accède au rang de «poète national». Néanmoins, faute d'enregistrement, l'œuvre de Béranger si liée à son temps, tombe progressivement dans l'oubli. «La petite fée» était jouée sur l'air de «C'est le meilleur homme du monde». Sur l'album qu'il consacre aux poèmes de Béranger, Jean-Louis Murat s'en affranchit pour composer une ornementation musicale lancinante et rugueuse, un écrin sonore digne de la plume de Béranger.

POUR ALLER PLUS LOIN

Philippe Darriulat, *La Muse du peuple: Chansons politiques et sociales en France, 1815-1871*, Presses universitaires de Rennes, 2011.

Sophie-Anne Leterrier, «Béranger, poète ou chansonnier? Les jugements de l'histoire littéraire», *Revue d'histoire littéraire de la France*, vol. 114, 2014/1, p. 111-122.

Apesar de você

Les censeurs à l'échafaud

Brésil (1970)

Amanhã vai ser outro dia (3x)
Hoje você é quem manda, falou, tá falado
Não tem discussão, não
À minha gente hoje anda
Falando de lado e olhando pro chão, viu?
Você que inventou esse estado
Que inventou de inventar toda a escuridão
Você que inventou o pecado
Esqueceu-se de inventar o perdão

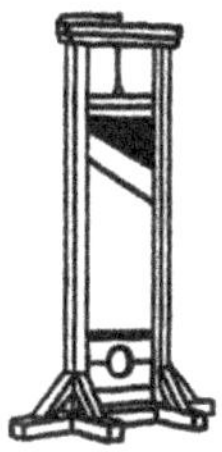

Aujourd'hui, c'est toi qui commandes.
Tu parles, un point c'est tout
et pas de discussion !
Mon peuple aujourd'hui marche,
parle bas
et regarde par terre ; vois-tu ?
Toi qui as inventé cet État
qui as inventé d'inventer
tout le noir

Toi qui as inventé le péché,
t'as oublié d'inventer
le pardon

Malgré toi,
demain sera
un autre jour.
Je te demande :
où vas-tu te cacher
de l'énorme euphorie ?
Comment vas-tu interdire
alors que le coq insistera
pour chanter ?
L'eau pure jaillit
et les gens s'aiment
sans arrêt.

Quand le moment viendra,
ma souffrance
je te la ferai payer avec des intérêts, je le jure
tout cet amour réprimé,
ce cri étouffé,
cette samba dans le noir.
Toi qui as inventé la tristesse
maintenant, aie la finesse
de la « désinventer ».
Tu vas payer, deux fois,
chaque larme versée
de ma peine.

Malgré toi,
demain sera

un autre jour.
Je parie que je verrai
fleurir le jardin
dont tu ne voulais pas.
Tu seras amère
en voyant l'aube poindre
sans demander ta permission.
Et je me tords de rire
car ce jour arrivera
plus tôt que tu le penses

Malgré toi,
demain sera
un autre jour.
Tu devras voir
le matin renaître
répandant sa poésie.
Comment vas-tu t'expliquer
en voyant le ciel s'éclaircir
d'un coup, impunément ?
Comment vas-tu étouffer
notre chœur lorsqu'il chantera
devant toi ?

Malgré toi
Demain doit être
Un autre jour
Tu vas mal t'en tirer.

PAROLES DE CHICO BUARQUE
(TRADUCTION DE JULIEN BLOTTIÈRE)

FRANCISCO BUARQUE DE HOLLANDA, plus connu en tant que Chico Buarque, naît au Brésil, à Rio, en 1944, dans un milieu intellectuel et artistique. Le père est historien, la mère pianiste amateure. Artistes et écrivains fréquentent assidûment la demeure familiale, ce qui aiguise la curiosité du jeune homme, solidement épaulé par sa sœur aînée Miúcha, future vedette de la bossa-nova. Chico se lance dans des études d'architecture, qu'il interrompt en 1964 pour se consacrer pleinement à la chanson.

Le 1er avril de cette même année, les militaires s'emparent du pouvoir et chassent le président Goulart, dont les projets de réformes sociales étaient considérés par la droite et les milieux d'affaires comme les prémices d'une révolution communiste. Les soldats répriment et placent le pays sous le képi. Les musiciens de gauche font déjà figure de suspects aux yeux de la police politique, mais jouissent encore pour un temps d'une relative liberté d'expression. Le sigle MPB apparaît durant ces années : une « musique populaire brésilienne » synonyme d'« alliance progressiste de classes contre la dictature ».

L'heure est aux festivals : des sortes de radio-crochets au cours desquels s'affrontent des artistes devant un public en effervescence et des téléspectateurs assidus. En 1966, dans ce cadre, Buarque triomphe avec «*A banda*». La politisation de ces rassemblements atteint son apogée en 1967 et 1968, avec la multiplication de chansons clairement associées à l'idée de résistance culturelle comme «*Caminhando*» de Geraldo Vandré, dont les paroles opposent «les soldats armés, aimés ou non» aux «foules qui croient que les fleurs peuvent vaincre les canons». En finale du IIIe Festival international de la chanson, «*Sabiá*» interprétée par Buarque devance «*Caminhando*». Le public, furieux, hue Chico.

Ses premiers détracteurs ne voient en lui qu'un fils à papa chantant des morceaux à l'eau de rose parés de belles mélodies. Mélange raffiné de bossa-nova et de samba, sa musique est de facture plutôt classique, ce qui lui vaut la critique des tropicalistes. À leur tête, Gilberto Gil et Caetano Veloso défendent une hybridation musicale tous azimuts. À coups de collages sonores iconoclastes, de prestations scéniques provocantes, de textes surréalistes, le duo parvient en quelques mois à se faire détester des bien-pensants. Le disque manifeste *Tropicalia ou Panis et circense*, sorti en août 1968, entend dépasser la mystique révolutionnaire, malgré une dimension contestataire manifeste.

Une écoute attentive des créations de Buarque permet pourtant de revoir ce jugement, tant les chansons romantiques alternent avec des titres poétiques empreints de lyrisme et truffés d'allusions politiques. Conscient des profondes injustices qui traversent la société brésilienne, le musicien porte son regard au-delà des frontières des beaux quartiers, excellant à se mettre dans la peau de ses personnages, qu'il s'agisse d'humbles travailleurs, de femmes victimes du machisme ambiant ou de vagabonds. Il sait détourner le sens des mots, imaginer des métaphores subtiles pour dénoncer l'hypocrisie des pères-lamorale ou la cruauté d'une dictature tout juste capable d'abhorrer la jeunesse, la culture, la vie.

En 1967, l'artiste écrit une pièce de théâtre musical intitulée *Roda viva*: l'histoire d'une jeune star adulée, dépassée par son succès et qui ne trouve d'issue que dans le suicide. Les conservateurs crient au scandale, les militaires leur emboîtent le pas. Lors d'une représentation, une milice d'extrême droite attaque les acteurs et saccage la scène. L'étiquette de dangereux gauchiste recouvre désormais celle du chanteur romantique un peu mièvre.

En 1968, au Brésil comme ailleurs, de gigantesques manifestations voient défiler dans la rue artistes, intellectuels et étudiants soucieux de briser les carcans d'une société inégalitaire et conservatrice, mais ici les protestations visent également la dictature militaire et les atteintes aux droits fondamentaux. Loin d'entendre les critiques, et sans doute apeurés par l'ampleur de la protestation, les soldats adoptent l'Acte constitutionnel n° 5 (AI 5). La brutalité du régime et la répression s'intensifient. Le Brésil entre dans ses «années de plomb». Sous la présidence Médici, de 1969 à 1974, les libertés fondamentales sont bafouées, l'opposition écrasée, les violences policières déchaînées, la censure préalable instaurée. L'étau se resserre sur les artistes, jusque-là relativement épargnés. Veloso et Gil sont arrêtés, rasés, emprisonnés. Libérés au bout de deux mois, mais bannis du pays, ils s'envolent pour Londres. Buarque, interrogé par la police militaire, finit aussi par s'exiler, en janvier 1969.

En dépit, ou à cause, de ce tour de vis répressif, la résistance musicale s'organise au sein de la MPB. Plutôt que d'engager un ton révolutionnaire, frontal et donc facile à circonscrire, les artistes utilisent leurs talents littéraires pour mieux contourner la censure. Le choix des mots, jamais ouvertement politiques, gêne les censeurs qui peinent à identifier les critiques sous les métaphores ou le double sens. Or, en ce domaine, Buarque est sans rival. «*Apesar de você*» («Malgré toi»), enregistrée en 1969, s'apparente en première lecture à l'histoire d'un couple en crise. Le titre, commercialisé un mois, a le temps de s'écouler à 100 000 exemplaires, avant d'être finalement interdit, quand les censeurs comprennent que le chanteur s'adresse bien aux militaires, pas seulement à «une femme autoritaire» comme il l'avait déclaré lors d'un entretien. La mégère vitupère, impose le silence à son compagnon, tout comme les militaires oppriment, censurent. Au fil des couplets, l'espoir renaît : l'énonciateur annonce des lendemains qui chantent, car le despotisme ne peut venir à bout de l'inextinguible soif de liberté d'un peuple, ni empêcher le jour de se lever. «Malgré toi sera un autre jour», chante Chico, rappelant que la dictature tombera, que les soldats le veuillent ou non. Loin du but recherché, l'interdiction confère aussitôt une aura particulière à un chant désormais identifié par tous comme subversif.

De retour au pays en 1970, Buarque est laissé en liberté, mais pas sans surveillance. Bâillonné par la censure, qui interdit en moyenne deux titres sur trois, il compose sous pseudonyme. En tant que Julinho de Adelaide, il écrit «*Acorda, amor*» : une chanson déguisée qui prétend parler d'un problème de voisinage, alors même qu'elle décrit les descentes policières, obligeant les victimes à se tourner vers les voleurs.

En complément de la répression culturelle, le régime développe une propagande axée autour du «Grand Brésil», ce pays aux richesses infinies, «qu'on aime ou qu'on quitte». Les militaires glosent sur le «miracle économique», omettant que cette croissance repose sur l'exploitation de pans entiers de la société. Chico se rappelle à leur bon souvenir. En 1971, «*Construção*» narre le destin tragique d'un ouvrier du bâtiment qui chute du haut du gratte-ciel en construction, provoquant une paralysie de la circulation. Le récit se répète à l'envi, comme pour mieux pointer l'absurdité d'un système transformant les hommes en une main-d'œuvre jetable et méprisée. La musique, sublime, associe les rythmes afro-brésiliens à une orchestration symphonique, dont les subtiles variations oscillent au gré de l'allégorie poétique.

De retour d'exil, remisant les querelles antérieures sous le tapis, Gil et Veloso font cause commune avec Buarque. «*Cálice*» en 1973, coécrite avec le premier, joue sur l'homophonie entre *cálice* («calice») et *cale se* («tais-toi»). Un message de révolte, ainsi qu'une pichenette à l'hypocrisie d'une Église massivement favorable aux généraux.

La censure vise les thèmes politiques, mais également tout ce que les militaires considèrent comme des atteintes aux bonnes mœurs, soit un ordre moral obligeant les femmes à être des mères et des ménagères. En réponse, Chico interprète souvent des morceaux dont le narrateur est une femme. Pour dénoncer la misogynie ambiante, il chante «*Mulheres de Atenas*», un morceau de son ami Augusto Boal. Exilé en Europe, car partisan d'un théâtre populaire et contestataire, ce dernier y décrit la soumission des Athéniennes de l'Antiquité, enfermées dans leurs gynécées.

En 1979, la révocation de l'AI 5 et le vote d'une loi d'amnistie autorisent enfin une véritable ouverture. Les thématiques de la MPB évoluent avec des chansons exaltant la paix à venir, les libertés futures, tout en se souvenant des persécutions passées. En 1981, «*Angelica*» de Buarque rend hommage à la styliste Zuzu Angel, tuée dans un accident fomenté par la dictature qui lui reprochait d'être devenue porte-parole des mères d'enfants kidnappés, après l'enlèvement et l'assassinat de son fils par la police en 1971 !

En 1985, l'élection de Tancredo Neves, un civil, marque la fin de la dictature et la transition vers la démocratie. Après vingt ans de sévices, les militaires quittent le pouvoir. Pendant cette période, de façon discrète, mais déterminée et courageuse, grâce à sa plume de musicien poète, Buarque sut opposer à l'appareil répressif des militaires une œuvre inspirée, d'une remarquable cohérence politique. Depuis lors, il continue de composer, d'écrire des romans, conservant son rôle de vigie face à la menace toujours rampante d'une résurgence des idées rances. L'accession à la présidence de Bolsonaro (2019-2023), ancien militaire nostalgique de la phase la plus brutale de la dictature et violent propagateur de haine, atteste de l'acuité du danger et de la nécessité de la lutte.

Dans la gueule du loup fasciste

*Élu en octobre 2018, Jair Bolsonaro fait sans complexe l'apologie de la dictature militaire (1964-1985). Si l'opposition de gauche, elle-même impopulaire en raison de sa corruption, a mis du temps à redresser la tête, intellectuels et artistes se sont mobilisés. À l'image de Criolo, chanteur et rappeur s'inscrivant dans la lignée de la MPB, qui, dès avant l'élection, décrivait avec horreur dans «*Boca de Lobo*» («Gueule du loup») le* *monde dystopique promis par Bolsonaro. Cela n'était pas suffisant pour empêcher son élection... Un groupe de sept rappeurs diffuse le morceau* « Primavera fascista », *dénonçant le meurtre d'activistes comme Marielle Franco ou les propos de l'extrême droite contre les LGBTQIA+. Le titre, vu plus d'un million de fois, a un temps été censuré par YouTube... Les mêmes MC remettaient le couvert en 2020, dénonçant cette fois-ci les véritables effets des politiques de Bolsonaro, notamment sur l'environnement et les populations indigènes. Comme disait en 1989 la chanteuse sud-africaine Miriam Makeba à propos d'un autre territoire lusophone, le Mozambique :* « A Luta Continua » *!*

Pour aller plus loin

Virgínia Fontes, « Musique populaire et politique au Brésil. Chico Buarque de Hollanda. », *Tumultes*, n° 19, 2002/2, p. 158-192.

Anaïs Fléchet et Marcos Napolitano, « Musique populaire et dictature militaire au Brésil : dynamiques contestataires et logiques de marché (1964-1985) », *Nuevo Mundo Mundos Nuevos*, 2015.

El pueblo unido jamás será vencido

Jamais vaincu

Chili (1973)

El pueblo unido jamás será vencido,
¡el pueblo unido jamás será vencido!
De pie, cantar, que vamos a triunfar.
Avanzan ya banderas de unidad,
y tú vendrás marchando junto a mí
y así verás tu canto y tu bandera florecer.

Le peuple uni ne sera jamais vaincu,
Le peuple uni ne sera jamais vaincu !
Debout, chantons, nous allons triompher.
Ils avancent déjà, les drapeaux d'unité,
Et tu viendras, marchant à mes côtés,
Et tu verras ton chant et ton drapeau fleurir.
La lumière d'une aube rouge
Annonce déjà la vie qui viendra.
Debout, combattons, le peuple triomphera.
La vie qui viendra sera meilleure
Allons conquérir notre bonheur,

Et en une clameur, mille voix de combat
S'élèveront, diront ce chant de liberté,
Décidée, la patrie vaincra.
Maintenant, le peuple se soulève dans la lutte
Criant d'une voix de géant : « En avant ! »
Le peuple uni ne sera jamais vaincu,
Le peuple uni ne sera jamais vaincu !
La patrie forge son unité.
Du nord au sud, elle se mobilisera,
Du salar brûlant et minéral à la forêt australe,
Unis dans la lutte et le travail,
Nous protégerons la patrie.
Son pas annonce déjà l'avenir.
Debout, chantons, le peuple triomphera
Des millions imposent déjà la vérité.
Ils sont d'acier, ardent bataillon.
Leurs mains vont porter la justice et la raison,
Et toi, Femme, avec fougue et valeur,
Tu es ici déjà, avec le travailleur.
Maintenant, le peuple se soulève dans la lutte
Criant d'une voix de géant : « En avant ! »
Le peuple uni ne sera jamais vaincu,
Le peuple uni ne sera jamais vaincu !

PAROLES DE ROBERT GARZA
ET RICHARD HILTON, TRADUCTION
DE JULIEN BLOTTIÈRE.

LA MUSIQUE LATINO-AMÉRICAINE des années 1960-1970 porte une parole militante, fondée sur la contestation d'un système politique et économique profondément inégalitaire. En 1963 est signé en Argentine le manifeste de la *Nueva Canción* qui cherche à valoriser le legs culturel des racines musicales populaires, tout en les adaptant à l'époque. Cette « nouvelle chanson » se veut sociale et engagée. Les pionniers du mouvement, Atahualpa Yupanqui et Violeta Parra, s'attachent à valoriser l'héritage culturel des populations amérindiennes, éternelles laissées-pour-compte depuis la conquête espagnole. Dans leur sillage, une nouvelle génération d'artistes émerge, parmi lesquels les Chiliens Quilapayún, Inti-Illimani, Victor Jara... Très marqués à gauche, souvent communistes, ils aspirent à un monde débarrassé du capitalisme vautour. « *Basta Ya* » de Yupanqui dénonce l'impérialisme économique et culturel états-unien. « *Si somos americanos* » d'Inti-Illimani exalte l'identité latino-américaine. « *Te recuerdo, Amanda* » et « *Preguntas por Puerto Montt* » de Jara brocardent les violences sociales et policières perpétrées par des régimes politiques oligarchiques brutaux.

À l'orée des années 1960, l'électorat chilien, très polarisé, se divise en trois camps : la gauche, la droite et le centre démocrate-chrétien. Salvador Allende porte les couleurs de la gauche lors des présidentielles de 1958 et 1964 ; des élections perdues face à un candidat de droite (Jorge Alessandri Rodríguez) et un démocrate-chrétien (Eduardo Frei Montalva). Initiateur de réformes économiques et sociales d'importance, ce dernier se distingue par un fort anticommunisme. Dans l'optique de la présidentielle 1970, Allende s'associe aux radicaux et communistes au sein de l'Unité populaire. Il se réclame désormais du marxisme-léninisme, envisageant une «voie chilienne d'accession au socialisme», respectueuse de la démocratie. Le candidat envisage la musique comme un vecteur puissant de mobilisation politique et de conscientisation sociale. Ainsi, les musiciens amis de la *Nueva Canción* jouent un rôle crucial au cours des rassemblements politiques, s'engageant à fond aux côtés de l'Unité populaire. C'est particulièrement le cas de Quilapayún, une formation protéiforme dont le nom mapuche signifie «trois barbes», en référence au trio de fondateurs du groupe. Depuis 1965, ils enrichissent progressivement leur répertoire folklorique de morceaux de plus en plus politiques et s'engage naturellement aux côtés d'Allende. Dans les manifestations, ils entonnent l'hymne de l'Unité populaire: «*Venceremos*» («Nous vaincrons»).

En 1970, Allende l'emporte, au grand dam de Washington qui craint plus que tout une victoire du marxisme et une propagation de la révolution dans ce qu'il considère comme son pré carré. Le nouveau président adopte tout un train de réformes: nationalisation des ressources naturelles du pays (cuivre, fer, salpêtre) et des secteurs économiques clefs (banques, sidérurgie, chimie, électricité...), hausse des salaires dans l'espoir de relancer la consommation et, par ricochet, la production. Ce choix se heurte au mur de l'inflation. Par ailleurs, le président chilien se rapproche de Cuba et de la Chine. Sur cette ligne, Victor Jara compose, en 1969, «*El derecho de vivir en paz*»: un titre dédié à Hô Chi Minh et aux Vietnamiens. Au-delà du message anti-impérialiste, les paroles revendiquent le droit à vivre en paix, décemment.

Minoritaire au congrès, Allende use de son veto. La tension grandit au sein d'une société de plus en plus déchirée. Aux États-Unis, cette situation ne laisse pas d'inquiéter. Par anticommunisme bien sûr, mais aussi parce que le régime d'Allende menace les intérêts économiques des grandes firmes américaines, Washington préférerait le remplacer par un régime autoritaire conciliant. Pour Henry Kissinger, le conseiller à la Sécurité nationale, puis secrétaire d'État de Richard Nixon, le communisme ne peut s'imposer que par la force. C'est pourquoi l'instauration du socialisme par les urnes, comme l'a réalisé Allende, constitue, à ses yeux, un très mauvais exemple pour l'Europe. Ainsi, dans l'ombre, la CIA multiplie les tentatives de déstabilisation, finançant des campagnes de dénigrement ou la grande grève des camionneurs qui paralyse le pays en octobre 1972. Des produits de première nécessité deviennent inaccessibles. Le Chili se trouve au bord de la guerre civile et semble ingouvernable. Si lors des législatives de 1973, l'Unité populaire limite la casse, cela ne met pas un terme à la violence latente. En juin, une tentative de putsch n'échoue que grâce à la loyauté du général Carlos Prats, ministre de l'intérieur. La persistance des manifestations hostiles contraint Allende à le remplacer par le général Pinochet.

En juillet 1973, sur une musique d'Ortega, Quilapayún imagine «*El pueblo unido*» – un chant de lutte. Les paroles exaltent la solidarité, d'«un peuple uni» rassemblé pour défendre le Chili aux richesses naturelles infinies, «du salar» étincelant à «la forêt australe». La scansion énergique, le martèlement du rythme, les voix en crescendo évoquent une foule en marche, déterminée à obtenir satisfaction. Un peu comme un orage en formation, une tension latente sourd, jusqu'à atteindre un paroxysme à l'amorce du refrain, au cours duquel la colère emmagasinée trouve enfin à s'épancher en un cri libératoire: «En avant!» Au nom de la justice, de la raison, «unis, dans la lutte et le travail», «le peuple triomphera».

Dans la nuit du 10 au 11 septembre 1973, Pinochet trahit. Depuis Valparaíso, le coup d'État gagne l'ensemble du pays. Le palais présidentiel de la Moneda est assiégé, bombardé. Acculé, sans espoir, après une dernière allocution radiodiffusée, le président se suicide. Le putsch porte au pouvoir Pinochet. Visage patibulaire mais presque, lunettes noires, drapé d'un uniforme militaire, l'homme représente l'archétype du « dictatueur ». De fait, la répression, impitoyable, s'abat aussitôt sur tous les soutiens d'Allende, notamment les artistes. Raflé et conduit à l'*Estadio Nacional* de Santiago avec des milliers d'autres personnes, Jara constitue une cible de choix. Le « poète de la révolution » est battu, torturé, les doigts écrasés. Le cadavre, criblé de balles, finit dans la rue, abandonné. L'assassinat confère au chanteur des pauvres l'aura du martyr, contribuant aussi à forger la légende des mains tranchées à la hache par ses bourreaux.

Pendant dix-sept années, le Chili subit une dictature de fer, supprimant partis politiques, syndicats, libertés fondamentales. Sur le plan économique, le dictateur fait siennes les théories néolibérales des *Chicago Boys*, disciples de Milton Friedman et partisans de la fin du contrôle des prix, ainsi que de la privatisation de l'éducation, de la santé et du système des retraites. La croissance économique s'opère au prix d'une fracture sociale terrible. Pour échapper à la répression et pouvoir continuer à vivre, près d'un million de Chiliens s'exilent. Quand survient le putsch, Quilapayún et Inti-Illimani, nommés peu avant ambassadeurs culturels du Chili d'Allende, se trouvent en tournée en Europe. Dans l'impossibilité de rentrer au pays, ils deviennent des réfugiés politiques. Lors d'un concert de soutien à Colombes, le maire communiste Dominique Frelaut leur propose un logement dans la tour Z du quartier des Fossés-Jean. Dans l'exil, certains racontent leurs vies et communiquent avec leurs proches restés au pays par cassettes interposées, introduites en catimini au Chili.

La répression, loin de faire taire les voix dissidentes, contribue au contraire, et bien involontairement, à la diffusion internationale du répertoire engagé des artistes de la *Nueva Canción*. C'est ainsi qu'« *El pueblo unido jamás será vencido* » s'impose comme un incontournable de toute manifestation de gauche qui se respecte.

Retour vers le futur

Au Chili, si la démocratie est rétablie en 1990, les fondements du modèle Pinochet n'ont pas été abolis, tant sur le plan économique et social que politique. Le pays, qui reste l'un des plus inégalitaires au monde, repose sur un modèle économique néolibéral garanti par la loi fondamentale, adoptée en 1980 par la dictature. Ces héritages engendrent des retours de mémoire. En 2019, une partie de la société chilienne descend dans la rue pour dénoncer l'illégitimité du système, hérité de la période Pinochet. Les manifestants réclament un nouveau texte pour assurer une société plus égalitaire, paritaire et la juste reconnaissance des peuples indigènes. En vain. Les deux projets constitutionnels soumis au référendum sont rejetés en 2022 et 2023. Tout au long du conflit social, les protestataires expriment leur malaise en chantant des morceaux puisés dans le répertoire populaire. De nouveau, les échos de la période Pinochet se font entendre. Confrontés à la répression militaire, les manifestants opposent et adaptent les chansons et les mots de Jara ou Quilapayún aux discours martiaux du président Piñera. « El pueblo unido » *résonne dans les cortèges et retrouve sa vocation d'hymne de résistance. Tel le sparadrap du capitaine Haddock, ces notes collent aux basques des tenants du néolibéralisme et des nostalgiques de la dictature.*

Pour aller plus loin

Baptiste Lavat : « Chanter les maux, chanter le beau : enjeux et avatars de la Nueva Canción latino-américaine », *in Chanter la lutte : Actes du colloque de Montpellier, mars 2015*, atelier de création libertaire, 2016.

Aurélie Prom, « La Nouvelle Chanson Chilienne : contre l'oubli de l'Histoire et des histoires », *Les Cahiers de Framespa*, n° 26, 2018.

Patricio Guzmán, *Mon Pays imaginaire*, 2022 (film documentaire).

« JE RÊVAIS D'UN AUTRE MONDE »

Le sire de Fisch-ton-kan

Napoléon, le très petit

Paris (1870)

Il avait un' moustache énorme,
Un grand sabre et des croix partout,
Partout, partout !
Mais tout ça c'était pour la forme,
Et ça n'servait à rien du tout,
Rien du tout,
C'était un fameux capitaine
Qui t'nait avant tout à sa peau,
À sa peau !
Un jour il voit qu'son sabre l'gêne,
Aux ennemis, il en fait cadeau,
Quel beau cadeau !

[Refrain]
V'là le sir' de Fisch-ton-kan
Qui s'en va t'en guerre,
En deux temps et trois mouv'ments,
Sens devant derrière,
V'là le sir' de Fisch-ton-kan

Qui s'en va t'en guerre,
En deux temps et trois mouv'ments,
Badinguet, fich' ton camp,
L'pèr', la mèr' Badingue,
À deux sous tout l'paquet,
L'pèr', la mèr' Badingue,
Et le p'tit Badinguet

Comm' diplomat', c'était un maître,
Il en r'montrait aux plus malins,
Aux plus malins,
Mais il ne l'faisait point paraître,
Pour ne pas humilier ses voisins,
Ses voisins,
La politiqu', c'est un' roulette,
Rouler, on ne sort jamais d'là,
Jamais d'là,
Mais lui roulait sa cigarette,
Puisqu'il ne pouvait rouler qu'ça,
'Vait rouler qu'ça

[Refrain]

Des pieds et des mains tout'sa vie,
Il avait tant fait qu'certain soir,
Qu'certain soir,
Sur le trône, objet d'son envie,
Il avait fini par s'asseoir,
Par s'asseoir !
Depuis, sans crainte et sans secousse,
Il veillait au trésor surtout,
'Sor surtout :

En y mettant quatr' doigts et l'pouce,
Histoir' d'avoir la main partout,
La main partout

[Refrain]

Il était d'un' force incroyable,
Il inventa plus d'cent canons,
D'cent canons,
Mais l'bruit lui f'sait un' peur du diable,
Puis ça troublait ses digestions !
Digestions !
Un jour pourtant, jour héroïque,
Il vit un pétard éclater.
Éclater :
Mais il en eut un' tell' colique
Que tout l'monde en fut ennuyé,
Fut ennuyé

[Refrain]

Un beau jour, il avait pris femme,
Comme le sir' de Framboisy,
De Framboisy,
Et tout marchait sur la mêm' gamme,
C'était un ménage assorti,
Assorti.
Sur l'air connu d'la reine Hortense,
Ell' lui disait d'sa plus douc' voix,
D'sa douc' voix :
« Ah ! sacré nom ! T'as tant d'vaillance
Que je te trouve l'air Dunois,

T'as l'air Dunois. »

[Refrain]

Par un étrange phénomène,
Voilà qu'il eut un héritier,
Un héritier.
Et pour prouver qu'c'était d'sa graine,
On en fit d'suite un p'tit troupier,
Un troupier.
Dans des bataill's pyramidales,
On voyait l'pèr' mais pas d'très près,
Pas d'très près,
Et le p'tit ramassait les balles,
Qu'on avait mis là tout exprès,
Tout exprès

[Refrain]

Enfin, pour finir la légende,
De c'monsieur qu'on croyait César,
Croyait César !
Sous ce grand homm' de contrebande,
V'la qu'on n'trouve plus qu'un mouchard,
Qu'un mouchard !
Chez c'bonhomm'là, tout était louche,
Et la moral' de c'boniment,
C'est qu'étant porté sur sa bouche
Il devait finir par Sedan.

Paroles de Paul Burani.

LA FRANCE A CONNU BIEN DES DÉCULOTTÉES. Des Azincourt (1415), des Pavic (1525) ou des Bérézina (1812) en sont déjà de très belles mais la défaite de Sedan (1870) fait sans doute partie des plus cuisantes, de notre «belle et glorieuse» histoire de France. Il n'est donc pas étonnant que les chansonniers de l'époque aient eu envie de se moquer (un peu) du principal responsable de ce désastre militaire, diplomatique et historique.

La défaite de Sedan, c'est tout d'abord une erreur diplomatique. La montée en puissance du royaume de Prusse, depuis que Bismarck est aux affaires, aurait dû inquiéter Napoléon III. Depuis son coup d'État de 1851, le neveu du «grand» Napoléon a multiplié les interventions militaires pour asseoir son pouvoir grâce à des victoires qui pourraient, dans l'esprit des Français, le mettre à la hauteur du prestige militaire de son oncle. En 1854-1856, par exemple, il s'allie aux Anglais et aux Turcs pour empêcher la Russie d'atteindre la Crimée. Cette première aventure militaire se conclut par un traité qui ne donne pas vraiment de vainqueur mais la France a perdu environ 95 0000 soldats au combat ou de maladie. Plus tard, en 1859, Napoléon III décide de faire la guerre à l'Autriche et de soutenir le gouvernement italien de Cavour en passe de faire l'unité du pays. Les batailles de Magenta et de Solférino sont des succès qu'il célèbre en grande pompe. Fort de ces succès, Napoléon poursuit ses aventures militaires outre-Atlantique. En 1861, il ambitionne de mettre sur le trône du Mexique un nouveau souverain, Maximilien de Habsbourg.

Aidée de l'Espagne et du Royaume-Uni, la France envoie un corps expéditionnaire qui réussit, un temps, le «parachutage». Cette aventure mexicaine va durer six années pour se conclure finalement par un fiasco militaire et diplomatique. Les troupes françaises sont rapatriées en février 1867 et Maximilien est renversé, puis fusillé quelques mois plus tard. Napoléon III, affaibli, est obligé de concéder à l'opposition de nouvelles libertés; le Corps législatif va pouvoir reprendre des couleurs. En effet, la réforme de 1869 permet à l'Assemblée de partager avec l'exécutif l'initiative des lois et l'ex-républicain Émile Ollivier arrive en 1870 à la tête d'un nouveau gouvernement réformateur. C'est dans ce contexte que la guerre franco-prussienne va précipiter la fin de l'Empire. Bismarck a besoin d'une victoire contre la France afin de consolider l'union de l'Allemagne. Pour cela, il présente pour le trône d'Espagne, laissé vacant, la candidature d'un prince prussien, tout en sachant que la France ne pourra tolérer cette proposition. Le 12 juillet, le chancelier allemand fait diffuser dans toute l'Europe la version tronquée d'une dépêche télégraphique du roi de Prusse qui apparaît comme insultante pour la France. Cette fausse dépêche d'Ems est vécue comme une provocation; les journaux, l'opinion publique se déchaînent et Napoléon III se voit pris au piège. Dans une belle et grande impréparation, il déclare la guerre le 19 juillet 1870. Il n'est pas question ici de rappeler comment l'armée française a montré son incompétence et déposé les armes en à peine six semaines. Toujours est-il que Napoléon III, coincé dans la forteresse de Sedan avec 100 000 hommes, doit capituler le 2 septembre 1870. «Un jour il voit qu'son sabre l'gêne, / Aux ennemis, il en fait cadeau»: Paul Burani insiste bien sur le déshonneur de cette défaite. Tiraillé par la maladie dite de l'homme de pierre, l'Empereur a manqué de lucidité et n'a manifestement pas mesuré la puissance prussienne. Fait prisonnier, il est détenu plus de six mois dans un château près de Cassel, en Allemagne.

La défaite, l'occupation prussienne, la République rétablie dans l'urgence, la France en cette fin d'année 1870 est dans la tourmente et l'incertitude. Paul Burani, de son vrai nom Pierre-Urbain Roucoux, compose une chanson qui met le doigt sur le responsable de cette situation: Napoléon III. Après une courte carrière d'acteur, il se dirige vers la presse culturelle et devient à vingt-deux ans le rédacteur en chef du journal *Le Café-concert*. Il se met aussi à composer des chansons populaires comme «L'assiette au beurre», «La bachelière du Quartier latin» ou encore «Les pompiers de Nanterre». Avec «Le sire de Fisch-ton-kan», l'auteur règle son compte à l'Empire qui a sombré quelques jours auparavant. Sur un ton satirique, il reprend toutes les critiques faites à l'Empereur et à ses proches – certaines fondées et d'autres qui le sont moins. Pour nommer l'Empereur déchu, il s'approprie l'étrange sobriquet «Badinguet», qu'utilisaient les détracteurs de Louis-Napoléon Bonaparte à l'occasion d'épisodes croquignolesques des débuts de son engagement politique. En 1840, par exemple, le jeune et fougueux neveu du grand Napoléon a l'idée de renverser Louis-Philippe avec une cinquantaine de conjurés. Il débarque alors à Boulogne-sur-Mer avec pour projet de rallier la garnison de la ville. Mais tout ne se passe pas comme prévu: l'apprenti putschiste est arrêté, jugé et condamné à l'emprisonnement à perpétuité. Il faut dire que le jeune Bonaparte avait déjà tenté un autre coup d'éclat et d'État à Strasbourg, quatre ans plus tôt. Incarcéré dans le fort de Ham (dans la Somme), il est un détenu de marque bénéficiant d'un joli confort, un appartement et surtout la possibilité de garder des liens avec l'extérieur. Après six ans de détention, il organise sa fuite en empruntant les vêtements d'un ouvrier maçon appelé Pinguet et surnommé «Badinguet». La fuite rocambolesque est relayée par la presse et quand Louis-Napoléon arrive enfin au pouvoir, en 1848, l'opposition l'affuble de ce sobriquet qui ne le quittera plus. Dans le refrain de la chanson, ce même sobriquet est, par extension, appliqué à toute la famille: «L'pèr', la mèr'

Badingue, Et le p'tit Badinguet». Il faut reconnaître que l'entourage de l'Empereur a joué un rôle dans la prise de décision pour faire la guerre à la Prusse trop ambitieuse. La très catholique impératrice Eugénie qui avait déjà poussé à l'intervention au Mexique, soutient en effet le royaume d'Autriche contre son rival prussien et a su convaincre l'Empereur de stopper les ambitions de puissance bismarckiennes. La mèr' Badingue a donc droit à son couplet pour avoir participé de près ou de loin à cette débâcle. Quant à l'héritier qui porte le même prénom que son père, le couplet est encore plus féroce. Louis-Napoléon n'a pourtant que quatorze ans quand débute la guerre de 1870. Dans la chanson, on s'étonne que l'Empereur ait pu enfanter et surtout, on ironise sur ce petit soldat qui n'est pourtant encore qu'un enfant. La courte vie du prétendant déchu va en quelque sorte démentir ce couplet. En effet, à l'âge de vingt-six ans, le jeune Louis-Napoléon cherchant l'aventure et les faits d'armes, dans la pure tradition familiale se fait enrôler en Afrique dans l'armée britannique. Mais l'aventure tourne court. Il meurt quelques semaines plus tard lors de combats contre des guerriers zoulous. Ironie de l'histoire, le jeune soldat avait obtenu le droit d'utiliser la sangle de la selle porte-bonheur avec laquelle son père avait combattu neuf ans plus tôt, lors du siège de Sedan. On peut le dire, Sedan porte décidément la scoumoune à la famille Bonaparte ! Toujours est-il que ce petit couplet sur l'héritier est sans doute un peu injuste à l'égard de ce jeune homme qui n'avait encore rien commis de grave. Sans doute le texte de la chanson avait d'abord pour fonction de disqualifier durablement la famille impériale afin de l'éloigner définitivement du pouvoir et ainsi protéger la jeune République si fragile. Pour finir, un couplet s'attarde sur la peur voire la pleutrerie de l'Empereur : «Mais l'bruit lui f'sait un' peur du diable». Cette peur lui poserait des troubles de la digestion – «un' tell' colique». Là encore, Burani n'y va pas avec le dos de la cuillère : il ironise sur les problèmes de santé de l'Empereur qui, selon les témoignages de l'époque, l'ont fortement diminué durant ces quelques semaines de campagne. Mais surtout, la défaite cuisante est certes due en partie à son commandement, son manque de lucidité mais il n'a pas été à proprement parlé lâche ; il a mené les combats et surtout est resté aux côtés de ses hommes, sans fuir. Il a ainsi sagement capitulé le moment venu, évitant les massacres inutiles. Enfin, finissons par éclairer le titre assez curieux de cette chanson politique : « Le sire Fisch-ton-kan ». L'explication la plus simple est de voir dans cette formule, l'expression et le conseil de « ficher le camp » à toute la famille impériale, les paroles des six couplets confirmant cette thèse la plus évidente.

On pourrait conclure en soulignant qu'il est de ces chansons nécessaires célébrant dans l'allégresse, le départ des dictateurs en leur souhaitant bon vent. Elles sont l'air de la démocratie qui éloigne au vent mauvais, ces dictateurs patentés. Il faudrait de toute urgence composer de nouveaux airs, au souffle démocratique puissant, pour y faire un peu de ménage !

Paris pour un beefsteak

« Bismarck attend au château de Ferrières / Que dans Paris, Thiers lui dise d'entrer. / Favre griffonne un dernier protocole, / Trochu renonce à son plan incompris… / Allons Brébant, tourne la casserole : / Pour un beefsteak, on va vendre Paris. »

Écrite pendant le siège de Paris en octobre 1870, la chanson «Paris pour un beefsteak» est une critique en règle de la bourgeoise, prête à toutes les compromissions pour retrouver les plaisirs de la bonne chair. Sur fond de négociations secrètes entre le républicain Jules Favre et Bismarck au château de Ferrières, le parolier Émile Debreux, futur communard, lance une critique acerbe à ceux qui veulent la paix. C'est un moment important de transition. L'Empire s'est effondré, la République a été proclamée du bout des lèvres le 4 septembre. Paris est encerclée mais les armées françaises ne sont pas encore défaites. Typique de ce que l'historien Philippe Darriulat appelle la «chanson patriotique et antibourgeoise», elle illustre le fait que c'est alors la gauche qui veut la poursuite de la guerre, tandis que les modérés se disent prêts à la paix. Le fossé, annonciateur de la rupture à venir entre Versaillais et communards, se creuse entre les Parisiens et le gouvernement qui fuit à Tours, puis à Bordeaux.

Pour aller plus loin

Jean Tulard, *Dictionnaire du Second Empire*, Fayard, 1995.

Sylvie Aprile, *La IIe République et le Second Empire, 1848-1870 : du prince président à Napoléon III*, Pygmalion, 2000.

Le chant des paysans

La République à la campagne

Paris (1849)

Quand apparut la République
Dans les éclairs de février,
Tenant en main sa longue pique,
La France fut comme un brasier :
Dans nos vallons et sur nos cimes
Verdit l'arbre de liberté ;
Mais les quarante-cinq centimes
Et juin plus tard ont tout gâté.

[Refrain]
Oh ! quand viendra la belle ?
Voilà des mille et des cents ans
Que Jean-Guêtré t'appelle,
République des paysans ! (bis)

Mais ce beau feu s'écroule en cendres ;
Le Diable en passant l'a soufflé,
Le crédit n'a fait que descendre,

Et l'ouvrage est ensorcelé ;
La souffrance a fait prendre en grippe
La jeune Révolution
Comme le vieux Louis-Philippe,
Et nous nommons Napoléon.
Napoléon est sur son siège,
Non point l'ancien, mais un nouveau
Qui laisse les blés sous la neige
Et les loups manger son troupeau,
Quand l'aigle noir fond sur les plaines,
Terre d'Arcole et de Lodi,
Il se tient coi... Dedans ses veines
Le sang du Corse est refroidi.
Que va donc devenir la France,
Si rien n'en sort à ce moment
Où le cri de l'indépendance
Nous appelle au grand armement ?
Soldats, citadins, faites place
Aux paysans sous vos drapeaux ;
Nous allons nous lever en masse
Avec les fourches et les faux.
Les noirs et les blancs sans vergogne
Voudraient nous mener sur Paris,
Pour en faire une autre Pologne,
Et nous atteler aux débris :
À bas les menteurs et les traîtres,
Les tyrans et les usuriers !
Les paysans seront les maîtres,
Unis avec les ouvriers.
La terre va briser ses chaînes,
La misère a fini son bail ;
Les monts, les vallons et les plaines

Vont engendrer par le travail.
Affamés, venez tous en foule
Comme les mouches sur le thym;
Les blés sont mûrs, le pressoir coule:
Voilà du pain, voilà du vin!

Oh! quand viendra la belle?
Voilà des mille et des cents ans
Que Jean-Guêtré t'appelle,
République des paysans! (bis)

PAROLES ET MUSIQUE DE PIERRE DUPONT.

PIERRE DUPONT (1821-1870) EST UN PEU LA STAR des chansonniers au milieu du XIXe siècle, un Jean Ferrat ou un Georges Brassens, mais il faut le reconnaître: aujourd'hui, le maître de la ritournelle révolutionnaire est un peu oublié et ce n'est sans doute pas son patronyme qui l'aura aidé à se distinguer parmi ses centaines d'homonymes. Ce Lyonnais a suivi ses études au petit séminaire pour ensuite travailler dans l'industrie de la soie, devenant un canut. Il trouve le temps d'écrire mais son audience reste assez confidentielle à Lyon. Il monte à Paris et, très vite, fréquente les milieux littéraires, libéraux et républicains et se rapproche du célèbre Victor Hugo. Tardant à percer, il s'éloigne un temps de la capitale et s'installe à Provins pour tenter de se faire un nom en publiant des poèmes. Au milieu des années 1840, il semble avoir trouvé son créneau en composant des chansons sociales comme « La fille du peuple » ou « Le chant du pain », qui se fait l'écho de la famine de 1846 et du prix du pain trop élevé. « On n'arrête pas le murmure du peuple quand il dit : "J'ai faim." » Quelques chansons plus tard, il est devenu le parolier des causes sociales et républicaines. La même année, il écrit son « Chant des ouvriers » que Baudelaire surnomme la « Marseillaise du travail ». Ce texte rencontre le succès, en particulier chez les républicains et le monde ouvrier : « Nous dont la lampe le matin, / Au clairon du coq se rallume, / Nous tous qu'un salaire incertain, / Ramène avant l'aube à l'enclume, / Nous qui des bras, des pieds, des mains, / De tout le corps luttons sans cesse. » La condition des classes laborieuses est brossée en quelques mots : la longueur des journées, la fatigue du corps et la précarité de la vie. Pierre Dupont exprime dans ce chant les constats nécessaires à une prise de conscience – le préalable à la lutte des classes. Karl Marx ne s'y trompe pas et cite ce texte dans son ouvrage *Le Capital* (1867) ; une consécration pour le faiseur de « tubes engagés ».

À Paris, l'interdiction des banquets républicains par le roi, ce « vieux Louis-Philippe » déclenche la révolution de février 1848. Cette campagne des banquets avait été le moyen pour les républicains de détourner l'interdit pesant sur les réunions politiques. En quelques jours, la monarchie de Juillet vacille sur les questions de liberté qu'elle avait malmenées depuis ses débuts. En effet, cette monarchie issue de la révolution de 1830, a très vite déçu ; la presse retrouve vite la censure et les républicains sont contraints à la clandestinité. Mais notre chanteur, inspiré par les tensions de l'époque, écrit quelques jours avant l'étincelle révolutionnaire « La chanson du banquet » : « Quatre-vingt-neuf n'est qu'un rêve aujourd'hui, / Quand on y songe, on a grand'peine à croire, / Qu'un tel soleil sur notre France ait lui ! » La Révolution française demeure la référence pour les luttes et mobilise encore. L'insurrection débute le 22 février. En trois jours, les manifestants ralliés par la Garde nationale vont mettre fin à la monarchie. Louis-Philippe abdique en faveur de son petit-fils. Le 24 février, Lamartine entouré des grandes figures républicaines proclament la République. Un gouvernement provisoire est mis alors en place. Dupont suit les événements de près et produit en quelques jours trois chansons presque en direct *live* alors que le sang des révolutionnaires n'est pas encore sec: «La républicaine», «Le chant des soldats» et «La jeune République». «Peuples venez de toute part, voir la République nouvelle, / Grande et belle, / Formidable comme un rempart [...] / Que ferons-nous le lendemain? / Les nations dans l'attente.» L'enthousiasme et l'espoir sont alors de mise. Nous sommes dans ces quelques jours qui suivent la mise en place de la nouvelle République: des mesures symboliques fortes vont être prises dans les semaines suivantes et ne pas décevoir ce républicain de la veille. Le 25 février, le gouvernement proclame le droit au travail et l'ouverture des Ateliers nationaux (pour donner du travail aux chômeurs, au nom du droit au travail) et, quelques jours plus tard, l'abolition de l'esclavage dans les colonies, le droit de réunion, la liberté de la presse et aussi le suffrage universel masculin. C'est durant ce souffle républicain que les arbres de liberté sont à nouveau plantés partout en France, dans les villes mais aussi les campagnes comme le souhaite de ses vœux Pierre Dupont: «Dans nos vallons, sur nos cimes, verdit l'arbre de liberté». Ce rêve d'une République démocratique et sociale ne dure que quelques semaines. Dès le mois d'avril, les élections d'une Assemblée constituante donnent une majorité aux républicains modérés, accompagnés de 300 députés monarchistes. En juin, l'annonce de la fermeture des Ateliers nationaux ~~(ateliers publics ouverts dès février 1848 par les Républicains radicaux pour donner du travail aux chômeurs, au nom du droit au travail)~~ dans les quartiers de l'Est parisien provoque la levée de nouvelles barricades. La répression par les républicains modérés, dirigés par le général Cavaignac, est sanglante : plus de 3 000 insurgés sont tués, 11 000 emprisonnés et plus de 4 000 éportés en Algérie.

Dans « Les journées de juin », il écrit : « L'ange des rouges funérailles, / Ouvrant ses ailes sur Paris, / A soufflé le vend des batailles ». Ce chant est d'abord un hommage aux républicains qui se sont battus pour une République sociale. Ils ont perdu et les Français vont élire en décembre, Louis-Napoléon Bonaparte, le neveu de Napoléon Ier – un caméléon politique qui va réussir à faire la synthèse des idéologies contraires pour finalement incarner le parti de l'ordre. Cette nouvelle République a perdu ses espérances et le chansonnier l'a bien compris dans « Les deux compagnons du devoir » ; il y exprime sa méfiance et ses doutes autour du nouvel homme fort du régime républicain déjà en sursis : « Méfions-nous du raisonneur qui tend à l'ouvrier un piège, / Parlant de famille et d'honneur. / Pour restaurer le privilège ».

« Le chant des paysans » est écrit en mai 1849, en pleine campagne législative puisque l'Assemblée s'était dissoute en janvier. Pierre Dupont, républicain convaincu, sait que le vote des paysans (alors très majoritaires) est l'enjeu de ces élections. Comme pour l'élection présidentielle de décembre 1848, le risque est que les citoyens des campagnes votent pour les partisans de l'ordre, des conservateurs, voire des monarchistes. Son texte qui sera chanté partout en France, grâce à des fascicules vendus par les colporteurs, tente de peser sur la mobilisation du monde paysan. Le premier paragraphe évoque les journées de juin et ce nouvel impôt des 45 centimes, qui est en fait une augmentation de 45 % des impôts directs (foncier, mobilier, fenêtres et portes) qui fut très mal accepté par les classes moyennes. Les paragraphes suivants tentent de trouver les arguments pour casser la légende dorée napoléonienne, bien ancrée dans les campagnes. Pour cela, il parvient à distinguer l'oncle du neveu. Ce dernier est vite associé aux mauvaises récoltes, « les blés sous la neige » mais, pire encore, à la grande « levée de masse ». La conscription impériale avait saigné la démographie de manière durable (on estime à environ un million le nombre de pertes civiles et militaires de la France sous l'Empire), et la mémoire collective en a sans doute gardé des traces.

Pour finir, Pierre Dupont en appelle à un élan électoral ; celui d'allier les suffrages des ouvriers aux paysans pour une République plus sociale s'appuyant sur la France laborieuse. Il imagine une République des paysans incarnée par la figure de Jean-Guêtré qui semble être l'incarnation de l'idéal paysan et républicain, solide et travailleur attaché aux valeurs issues de la Révolution française.

Retournement de veste

« Le chant des paysans » n'a sans doute pas eu l'influence escomptée par son auteur puisque le parti de l'Ordre l'a emporté facilement aux élections législatives de 1849, confirmant ainsi le résultat de l'élection présidentielle. La République va ainsi échouer dans les aspirations qu'elle avait pu susciter durant ses premières semaines. Louis-Napoléon Bonaparte, ne pouvant pas être réélu, organise le 2 décembre 1851, un coup d'État et met fin

à la République un an plus tard, en faisant adopter un nouveau régime, l'Empire.

L'épilogue de cette chanson si engagée est sans doute moins glorieux. Dupont a dû fuir la France après le coup d'État ; il est condamné par contumace à sept ans de déportation. Sans doute a-t-il plus le mal du pays que Victor Hugo, car il est gracié par l'Empereur à condition de faire acte d'allégeance au pouvoir. On peut parler d'un retournement de veste des plus acrobatiques. Désormais, le chansonnier trouve son inspiration dans les histoires pastorales et rustiques ou dans quelques chants patriotiques comme «La prise de Sébastopol». Ainsi, Pierre Dupont, le républicain, le socialiste, aurait tellement mis d'eau dans son vin que ses premières chansons rouges ont été oubliées. Ce n'est donc pas le fait de son patronyme un peu trop passe-partout !

Pour aller plus loin

Roger Bonniot, *Pierre Dupont, poète et chansonnier du peuple*, Librairie Nizet, 1991.

Claude Duneton et Emmanuelle Bigot, *Histoire de la chanson française*, tome 2 : *De 1780 à 1860*, Le Seuil, 1998.

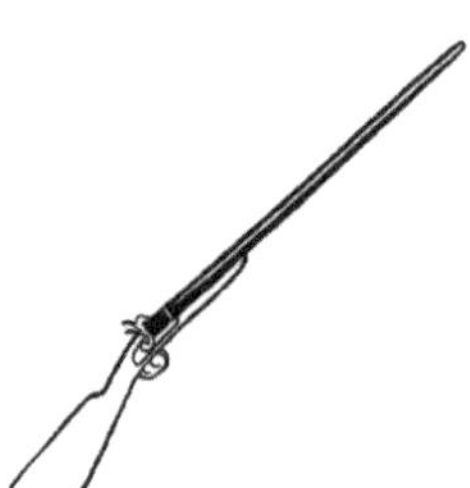

C'est d'la faute à Napoléon

Waterloo pour le Code civil !

France (1965)

Y a pas d'raison qu'au nom d'la loi
Les hommes aient toujours tous les droits
Penser que, lorsqu'ils sont mariés
Nous ne sommes plus que leur moitié
L'égalité comme ils l'appliquent
Ils appellent ça la République
Et ça, c'est d'la faute à qui donc ?
C'est d'la faute à Napoléon

Si tous les hommes se croient sur Terre
Sortis d'la cuisse de Jupiter
C'est d'la faute à Napoléon
S'ils ont le droit d'nous commander
Et nous d'faire semblant d'écouter
C'est d'la faute à Napoléon
J'vous jure qu'on en a toutes assez
D'servir au repos des guerriers
Y a trop longtemps qu'à la maison

Sans rien faire ils jouent les patrons
Car si notre armée de jupons
Est menée par des pantalons
C'est d'la faute à Napoléon

Pour nous les femmes, c'est sûr, en somme
Tout c'qui n'va pas, ça vient des hommes
J'sais pas qui a fait l'Code civil
Mais ce n'est sûrement pas Bourvil
Et si c'n'est pas d'la faute à Jules
À Antoine ou à Théodule
De vous à moi, sans discussion
C'est d'la faute à Napoléon

Si les hommes ont l'droit d'nous tromper
Sans avoir rien à s'reprocher
C'est d'la faute à Napoléon
Nous, quand on veut les imiter
Si on nous traite de dévoyées
C'est d'la faute à Napoléon
Je sens que j'en ai tellement marre
Que j'vais d'venir un vrai grognard
J'leur enverrai même s'il le faut
Un p'tit souvenir de Waterloo
Car, entre nous, y a pas d'question
Tous nos ennuis sans exception
C'est d'la faute à Napoléon

S'il a tant plu l'été dernier
Si le beefsteak a augmenté
C'est d'la faute à Napoléon

Si j'ai pas gagné au tiercé
Si j'ai un bouton sur le nez
C'est d'la faute à Napoléon
Si la Callas est enrhumée
Si on d'vient tous un peu yéyé
Si on circule mal dans Paris
C'est encore de sa faute à lui
Et même si les contributions
Nous piquent de plus en plus d'pognon
C'est d'la faute à Napoléon

Lalalala…
C'est d'la faute à Napoléon
Lalalala…
C'est d'la faute à Napoléon
D'ailleurs pour savoir si les hommes
Ont encore le droit d'commander
Y a qu'à faire un référendum
On aura la majorité
Mais je n'me fais pas d'illusions
Car si les choses sont ce qu'elles sont
C'est d'la faute à Napoléon

PAROLES DE MICHEL ANDRÉ, MAX FRANÇOIS, ÉTIENNE LORIN ET GABY WAGENHEIM.

ENREGISTRÉE EN 1965 (notez la mention des « yéyé » dans les paroles), on pourrait croire que la chanson interprétée par Annie Cordy « C'est d'la faute à Napoléon » préfigure les combats féministes de la fin de la décennie et de la suivante. Ce n'est pas vraiment le cas, même si la charge est explicite. « C'est d'la faute à Napoléon » a été écrite pour une opérette intitulée *Ouah! Ouah!* dans laquelle la jeune et talentueuse Belge partage l'affiche avec Bourvil et un Yorkshire... Autant vous dire qu'on n'est pas tout à fait sur le terrain militant. Toutefois, ne boudons pas notre plaisir d'entendre une native du pays où se finirent les campagnes napoléoniennes dans le désastre de Waterloo, claquer le beignet en chanson à « l'œuvre » législative du « grand homme »: le Code civil. En effet, par cet ensemble législatif, l'Empereur (dont la taille effective est sujette à débat) n'est devenu un grand homme qu'en écrasant, avec le consentement de ceux de son genre, l'autre moitié de l'humanité: les femmes.

Certes, en matière d'accès aux droits, la Révolution française qui marque la naissance de la citoyenneté, laisse aux femmes une impression de rendez-vous manqué. Actives durant les journées révolutionnaires, promptes à participer au bouillonnement politique du moment, dans les clubs ou les journaux, elles restent exclues du cadre démocratique qui se construit alors. Privées du droit de vote, elles ne sont que citoyennes dites « passives » de par la loi des hommes qui dirigent le pays. Dans le domaine du droit civil, pourtant, elles engrangent des bénéfices. Ainsi, la Révolution leur octroie d'être les égales des hommes au sein du couple marié. Elles ont le droit de divorcer et d'hériter à parts égales avec leurs frères. Au crépuscule de la Révolution, la possibilité de s'investir dans la vie politique leur est retirée. Tout n'est donc pas « d'la faute à Napoléon » mais, avec l'Empereur, la régression prend pour elles une autre ampleur. Le Code civil, rédigé sous son autorité avec l'appui de l'avocat Jean-Étienne-Marie Portalis qui se fait le porte-plume de l'Empereur, entre en vigueur en 1804.

Comme l'évoque Annie Cordy tout au long de sa diatribe, le texte institutionnalise une inégalité entre les sexes au sein du couple qui s'appuie sur la croyance en une différence de nature : les femmes ne seraient que des êtres faibles, délicats, fragiles dont le rôle principal serait d'enfanter. On rappelle souvent cette phrase tirée du *Mémorial de Sainte-Hélène* (recueil des mémoires de l'Empereur) : « La femme est donnée à l'homme pour qu'elle lui fasse des enfants ; elle est sa propriété comme l'arbre à fruits est celle du jardinier. » Dès lors, comment s'étonner que « tous les hommes se croient sur Terre, sortis d'la cuisse de Jupiter » ?

Le Code civil transpose cette supposée différence de nature entre les sexes, en inégalité de droits. Avec lui, les femmes sont exclues de la vie publique, contenues au foyer ; leur seul horizon est le mariage, cadre dans lequel elles doivent enfanter. Au sein du couple, leur statut est celui d'une mineure ; l'autorité paternelle toute-puissante est transférée au mari lors de la cérémonie civile du mariage : c'est pourquoi la future mariée se défait de son patronyme pour se voir imposer celui de son mari. Les propos de façade du type « les époux se doivent mutuellement fidélité, secours, assistance » dissimulent la toute-puissance du mari, tout à la fois souverain et magistrat en son foyer au sein duquel il peut user de la force, si nécessaire. Le domicile conjugal est le cadre de vie imposé à son épouse. Elle ne peut le choisir ni le quitter et, plus largement, tout est soumis à l'autorisation de son conjoint. Se faire soigner dans une institution ? Oui, mais sur autorisation ! Travailler ? Ok, mais le salaire va dans les poches de l'époux ! Attention, ne prenez pas cela pour de la tyrannie. Non, non, c'est de la bonté domestique ; la soumission de la femme à son mari est un « hommage au pouvoir qui la protège », dit Portalis. Évidemment, toute la vie intime et sexuelle des femmes mariées est à l'avenant. De la nuit de noces à celles qui suivent, les relations sexuelles sont déterminées par la volonté de l'époux – jusqu'au viol conjugal, entendons-nous bien. Le petit couplet de la chanson sur les relations adultérines est d'une telle précision chirurgicale qu'il se passe de commentaire : « Si les hommes ont l'droit d'nous tromper, / Sans avoir rien à s'reprocher, / C'est d'la faute à Napoléon, / Nous, quand on veut les imiter, / Si on nous traite de dévoyées / C'est d'la faute à Napoléon ».

Cela dit, la chansonnette date de 1965. À croire que la faille temporelle de plus d'un siècle et demi qui la sépare de l'entrée en vigueur du Code civil n'a rien changé à la condition féminine. Oui et non. En 1810, le Code pénal estime que l'assassinat de l'épouse par le mari au motif d'adultère est excusable. Six ans plus tard, le droit de divorcer est supprimé ; il ne sera rétabli qu'en 1884. Les dispositions du Code civil ne sont revues qu'au compte-gouttes au cours de la première moitié du XXe siècle. À titre d'exemple, les femmes ne peuvent percevoir directement la rémunération de leur travail qu'en 1907. Mais elles doivent encore patienter jusqu'en 1938 pour voir disparaître leur incapacité civile de femmes mariées (l'obéissance à leur mari, en gros).

Mais faire l'histoire du patriarcat par le haut (autrement dit, par les lois qui lui permettent de se déployer) ne dit pas tout des réalités sociales. Ici, la chanson d'Annie Cordy nous donne une précieuse photographie du lent changement des mœurs, des rapports de domination et de soumission au sein du couple qui existent depuis longtemps mais auxquels le Code napoléonien a donné une assise légale protectrice. Ces dispositions ont infusé dans le corps social, transmises notamment par l'éducation. C'est, à n'en pas douter, une des raisons qui explique la lenteur des changements. Prenons comme exemple l'entrée dans le monde du travail qui serait un levier puissant d'émancipation. Si les femmes s'extirpent du domicile conjugal en travaillant, une seconde activité (la tenue du foyer, ou travail domestique) reste à leur charge puisque les époux n'y participent globalement pas: « J'vous jure qu'on en a toutes assez, / D'servir au repos des guerriers, / Y a trop longtemps qu'à la maison, / Sans rien faire ils jouent les patrons, / Car si notre armée de jupons, / Est menée par des pantalons, / C'est d'la faute à Napoléon ». Ce type de corset, dans l'hors-champ de la loi, entrave l'émancipation des femmes. Par conséquent, bien qu'en 1965 elles soient autorisées à s'engager dans la vie professionnelle et à ouvrir un compte pour y déposer leur salaire sans l'autorisation de leur époux, leurs carrières sont plus souvent heurtées, marquées par le mi-temps ou le temps partiel, hachées aussi par les grossesses; ce qui justifie de moindres promotions, donc de moindres salaires. Travailler n'a jamais le même coût pour l'épouse que pour l'époux.

On peut objecter qu'au milieu des années 1960, la condition des femmes a bien changé par rapport à ce qu'elle était au début du XIXe siècle. Effectivement, elles ont obtenu des avancées, parfois individuellement, collectivement, le plus souvent. Nombre d'entre elles se font hors des domaines régis par le Code napoléonien. Ainsi, certaines devenues illustres ont brisé le « plafond de verre » en accédant à de hautes positions professionnelles, sociales ou politiques dans des domaines où leur « nature » aurait dû les pénaliser : médecins, physiciennes, avocates, professeures, psychiatres, journalistes, résistantes, ministres (mais toujours pas présidente de la République) ! Collectivement, elles se sont mobilisées pour élargir leurs droits, les gouvernements français successifs s'étant montrés particulièrement retors à leur permettre de voter. En effet, avec presque trente ans de retard sur l'Allemagne, le Royaume-Uni, les États-Unis ou encore la Turquie, les femmes françaises ne votent qu'au sortir de la Seconde Guerre mondiale. Ce qui frappe dans ce tableau, c'est que les gains obtenus de haute lutte grignotent plus qu'ils ne mettent à bas le système patriarcal. Outre son ancienneté et son institutionnalisation, les résistances à voir les femmes disposer de leur volonté, de leur autonomie, de leur capacité de décision et de leur corps, sont nombreuses.

En 1965, il y a encore un continent de luttes à mener : l'égalité en matière d'autorité parentale (1970), le libre choix de son domicile conjugal (1975), du moment d'avoir un enfant (1974 via la contraception ; 1975/1979 pour la légalisation de l'IVG). Les violences sexistes et sexuelles, légitimées par les Codes civil et pénal du début du XIXe siècle, restent des indicateurs d'évaluation de l'emprise du système patriarcal sur nos sociétés : la reconnaissance du crime de viol ne date que de 1980 – notre temps présent. Les féminicides, dont les organisations féministes tiennent les chiffres à jour, nous rappellent avec acuité que légitimer hier la violence contre les femmes, c'est contribuer à la maintenir aujourd'hui. Depuis le début de ces décomptes macabres, en 2016, on sait que 75 à 80 % des féminicides sont commis par l'(ex-)conjoint, et la majorité d'entre eux au domicile conjugal de la victime. Pourquoi ne pas essayer le matriarcat par voie référendaire?

Pour conclure et actualiser la question des dangers que représentent les idées conservatrices et d'extrême droite pour les droits des femmes, il est important de mentionner la formation récente d'organisations (telles que le collectif Némésis) qui en instrumentalisent la «défense» à des fins d'exclusion, de racisme et de manipulations diverses (politiques, médiatiques, etc.). Ces structures, qui se revendiquent et recrutent dans d'autres organisations d'extrême droite, étudiantes ou groupuscules politiques notamment, sont également soutenues par une partie de la droite dite «républicaine». Leurs positions sont relayées par une partie des journalistes et commentateurs des journaux conservateurs et de droite extrême. Leur discours ne se positionne guère en termes de conquête ou de défense de nouveaux droits pour les femmes; il cible les violences sexistes et sexuelles pour promouvoir un discours identitaire, suprémaciste blanc, raciste, islamophobe et transphobe. Sans ambiguïté, cette mouvance n'est et ne sera jamais l'alliée des femmes qui, encore et toujours, se mobilisent pour leurs droits.

C'est aussi de la faute à Napo'

Si Napoléon Bonaparte est à juste titre rendu responsable d'un retour en arrière sur le statut des femmes, il est aussi celui qui a rétabli l'esclavage dans l'empire colonial français. Certains ont voulu faire porter le chapeau (à défaut de la culotte...) à sa femme de l'époque, la béké martiniquaise Joséphine de Beauharnais, propriétaire d'« esclavisés ». Pourtant, c'est avant tout pour satisfaire les marchands des ports atlantiques qui vivent du commerce des produits de plantation (sucre, tabac, café), que le Premier consul prend la décision de rétablir l'esclavage, le 20 mai 1802. Ces produits ne sont jamais aussi rentables que lorsque la main-d'œuvre est gratuite !

Cela explique aussi son acharnement à reconquérir la « perle des Antilles » : l'île de Saint-Domingue qui s'est libérée par elle-même de l'esclavage en 1793, avant même que la Convention ne l'abolisse officiellement en février 1794. Leclerc, son beau-frère, s'empare par la forfaiture de Toussaint Louverture, envoyé mourir dans le froid de la prison du fort de Joux. Mais l'échec (et la mort) de l'expédition Leclerc (puisqu'Haïti proclame son indépendance en 1804) n'empêche pas Bonaparte de rétablir l'esclavage à la Guadeloupe et en Guyane (la Martinique, sous domination anglaise de 1794 à 1802, ne l'ayant pas aboli).

Les artistes, qu'ils soient antillais ou originaires d'Afrique, ont souvent contribué à rappeler le rôle de Bonaparte dans cette histoire, à l'image de Gaël Faye qui rappe : « Rien à claquer j'suis venu enterrer Bonaparte aux Gonaïves ».

Quant à la statue de Joséphine à Fort-de-France, elle fut l'une des premières décapitées en 1991, avant d'être déboulonnée en 2020. Autant de paroles et d'actions qui ont peut-être contribué, en 2021, pour le bicentenaire de la mort de Napoléon, à exposer pour la première fois à Paris, le décret-loi de 1802 rétablissant l'esclavage, et qu'une femme, Christiane Taubira, a entre-temps, contribué à faire reconnaître comme crime contre l'humanité.

Pour aller plus loin

Mathilde Larrère, *Rage against the Machisme*, Le Détour, 2020.

Yannick Ripa (dir.), *Histoire féminine de la France : De la Révolution à la loi Veil*, Belin, 2020.

La Adelita

Fausse potiche ou vraie rebelle ?

Mexique (1910)

En lo alto de la abrupta serranía
acampado se encontraba un regimiento
y una moza que valiente los seguía
locamente enamorada del sargento.

Sur les hauteurs d'une chaîne de montagnes abruptes
Un régiment avait établi son campement,
Et une jeune femme les avait vaillamment suivis
Folle amoureuse du sergent.

Populaire au milieu de la troupe était Adelita
La femme que le sergent idolâtrait,
Car, en plus d'être courageuse, elle était jolie,
De sorte que même le colonel la respectait.

Et il paraît que celui qui l'aimait tant a dit :
« Si Adelita partait avec un autre homme,
Je la suivrais sur la terre et sur la mer,

Si sur la mer, dans un navire de guerre,
Si sur la terre, dans un train militaire.

Si Adelita voulait bien m'épouser,
Si Adelita voulait bien être ma femme,
Je lui achèterais une robe en soie
Pour l'emmener danser à la caserne. »
Et après la fin de la cruelle bataille,
Quand les troupes sont revenues au camp,
La voix d'une femme pleurant
Et priant se fit entendre dans tout le camp.

Et en l'entendant, le sergent
Fut bouleversé par la pensée qu'il puisse
perdre sa bien-aimée pour toujours.
Cachant sa peine sous sa cape
Il chanta à sa bien-aimée de cette manière...

Et on pouvait l'entendre dire celui qui se mourait...
« Si je devais mourir à la guerre,
Et que mon corps soit mis en sépulture,
Adelita, par Dieu, je te supplie
Que pour moi tu ne pleures pas. »

AUTEUR INCONNU, TRADUCTION É. AUGRIS.

EN 1975, JETANT UN REGARD RÉTROSPECTIF sur son inscription dans l'histoire du pays, l'écrivain Carlos Fuentes écrivait à propos de la révolution mexicaine: «Instinctivement, tous les fantômes de l'histoire du Mexique, l'empire indigène, la conquête et la colonie espagnoles, l'indépendance fracturée par le divorce entre le pays réel et le pays légal, les dictatures d'opérette, l'anarchie qui nous fit battre par les armées d'invasion [états-uniennes] de Scott et Taylor, la République libérale qui nous a sauvés d'une monarchie européenne transplantée, la longue tyrannie de Porfirio Díaz, qui vint frustrer le rêve de progrès libéral de Benito Juárez, s'étaient donné rendez-vous dans l'éclatement révolutionnaire de 1910 pour se tresser en un nœud de civilisation.»

En 1910, un siècle après le début de la lutte pour l'indépendance, l'interminable dictature de Porfirio Díaz et les frustrations nées dans une société qui n'a que très inégalement profité de la modernisation économique se précipitent dans un condensé explosif. Díaz a privatisé les terres et permis aux investisseurs étrangers, notamment états-uniens, de s'emparer des richesses du pays. C'est d'abord à propos des élections que les tensions se cristallisent. Francisco Madero, un candidat opposé à Díaz, est arrêté avant l'élection de 1910. Il s'enfuit aux États-Unis d'où il lance la rébellion. La révolte éclate un peu partout et conduit au renversement du régime autoritaire. Mais, comme souvent dans l'histoire du Mexique, la coopération des opposants ne se fait que contre un adversaire commun et ne permet pas ensuite de dégager de consensus. C'est le début d'une période de conflit entre des groupes antagonistes qui vont parfois s'allier. Madero devient président en 1911 mais ne respecte pas ses engagements, conduisant ses anciens alliés à se rebeller. Parmi eux, deux se distinguent. Au sud, dans l'État de Morelos, Emiliano Zapata s'appuie sur les paysans, en grande partie amérindiens, pour réclamer la fin des grands domaines et leur attribution comme terres communes aux communautés. Ces combattants sont des guérilleros organisés en petites structures décentralisées. Au nord, Francisco « Pancho » Villa développe les mêmes thèmes de réforme agraire mais en souhaitant que les domaines soient partagés en lopins individuels pour tous. Sa « division du Nord » grossit avec les mécontentements. Enfin, un mouvement constitutionaliste, d'abord allié à Villa et Zapata, s'en distingue et obtient le soutien des États-Unis.

Tout au long de la période 1911-1917, ces derniers, tout en se disant extérieur au conflit, interviennent en effet directement (incursion de 1917 pour traquer Villa) ou plus discrètement. En 1914, l'entrée de Villa et Zapata à Mexico sonne comme un avertissement pour les élites traditionnelles qui font des deux hommes des repoussoirs. Mais leur mort par assassinat en fait aussi des martyrs qui pourront plus tard être récupérés à souhait, en particulier Zapata.

Si la révolution est alors loin d'être achevée, elle entre dans une autre phase à partir de 1917, avec une nouvelle Constitution proclamée sous la présidence de Venustiano Carranza (1915-1920). Mais il faut attendre la présidence de Lázaro Cárdenas (1934-1940) pour que les idéaux de la révolution soient enfin appliqués dans le pays. Mettant en œuvre la Constitution de 1917, l'une des plus progressistes au monde, Cárdenas plaçait « la révolution au pouvoir ». En commençant par l'éducation et le véritable partage des terres par la multiplication des terres communes (*ejidos*), il permet à la moitié des terres cultivées d'appartenir aux paysans organisés. Après avoir nationalisé les chemins de fer en 1937, Cárdenas annonce l'année suivante la nationalisation du pétrole – symbole des interférences étrangères. Il confirme ainsi que son gouvernement intervient dans l'économie en défense des intérêts de la classe ouvrière. La révolution est autant économique et sociale que culturelle. Ce dernier aspect passe par la création d'un « nouveau Mexicain » grâce à un programme de « rédemption » qui a pour creuset l'école publique. Pourtant, les femmes doivent attendre 1953 pour se voir accorder le droit de vote...

« Car, en plus d'être courageuse, elle était jolie »

Tout au long de ces années de guerre, les armées, qu'elles soient révolutionnaires ou non, ont compté dans leurs rangs de nombreuses femmes. La chanson « *La Adelita* » sert souvent de référence pour aborder l'un de ces rôles – celui de femme accompagnant les soldats, ou *soldadera*. Pourtant, il y a plusieurs manières de comprendre cette chanson, l'une des plus couramment associées à la révolution.

« *La Adelita* » fait partie d'un genre classique de ballade traditionnelle mexicaine, le *corrido*, typique des classes populaires bien avant la révolution. Leur lointain ancêtre est le roman de chevalerie. Si les thèmes politiques ne sont pas absents, surtout pendant la révolution, l'essentiel est dans l'histoire d'amour tragique qui sert d'intrigue. Par sa simplicité et sa popularité, le *corrido* est un vecteur essentiel de transmission des mythes et des traditions, autant qu'un moyen de s'informer sur la situation du pays. Que nous dit cette chanson ?

Au travers de cette histoire d'amour entre un sergent et Adelita, elle fait tout pour reléguer les révolutionnaires mexicaines à leur apparence physique. Adelita semble gagner le respect des soldats, en particulier du colonel, pour sa seule beauté. On la dit toutefois courageuse, signe qu'elle a dû démontrer sa bravoure autrement qu'en épluchant les légumes ou en nettoyant le linge... Il faut ici lire entre les lignes pour comprendre que les femmes ont aussi été des combattantes, soit par la force des choses, soit parce qu'elles le voulaient. Mais Adelita, issue du peuple, est représentée en femme qui souffre, passive, comme une incarnation de l'essence de la féminité. Comme l'écrit l'historienne Sophia Framm, il s'agit d'une « pratique commune d'idéalisation des femmes mexicaines dans des positions de souffrance et d'assignation à rester dans de tels rôles ». Signe du succès de cette chanson, le terme *adelita* sert ensuite pour désigner les *soldaderas* dans l'imaginaire populaire.

Complétant cette image, un autre classique du genre, « *La Valentina* », met en scène une femme dont un soldat est follement amoureux. Le personnage est inspiré par Valentina Ramírez Avitia (1893-1979) : une combattante déguisée en homme dans les rangs de l'armée de Madero. Ici, c'est l'amour même qui semble conduire le mâle soldat à sa perte, la femme incarnant dans la chanson une distraction qui peut le conduire à la mort. On le voit, ces *corridos* très populaires ont donc contribué à effacer le véritable rôle des femmes pendant les guerres de la révolution.

Les *soldaderas*, femmes à tout faire des armées révolutionnaires ou véritables soldates ?

Le terme employé pour parler des femmes des armées révolutionnaires est *soldaderas*. Ce mot est issu du mot « solde » (et non de « soldat »), signe qu'elles étaient rémunérées sur la solde des militaires qui leur déléguaient toutes les tâches d'intendance et de nourriture. Ces femmes, et parfois leurs enfants, accompagnaient les armées en campagne et leur étaient indispensables. Beaucoup de ces femmes sont de fait, pas forcément par choix, conduites à suivre les armées révolutionnaires. Chaque soldat a sa *soldadera*, parfois sa fille ou sa femme. Dans un contexte de violence endémique (rien de nouveau sous le Soleil, malheureusement...), les femmes mexicaines sont alors des cibles qui sont souvent victimes d'enlèvements et de viols. Accompagner les armées peut alors représenter une échappatoire.

Mais c'est aussi parce que la révolution, avec tous les bouleversements qu'elle a permis, a ouvert des opportunités pour les femmes. Bref, au sein d'une société patriarcale, dans laquelle l'Église catholique impose des rôles strictement genrés, où elles étaient largement contraintes, les guerres ont permis d'augmenter l'agentivité d'une partie d'entre elles.

Des historiennes ont ainsi pu établir que des milliers de femmes sont mortes au combat, les armes à la main ; soit parce qu'elles ont été amenées à se défendre, soit parce qu'elles souhaitaient combattre, comme tout autre Mexicain, pour mettre à bas la dictature et lutter contre les ennemis du peuple. Ce faisant, elles ont contribué à redéfinir les rôles de genre, au moins temporairement.

Il y a donc une très grande déconnexion entre l'image romantique des *soldaderas*, telle que transmise par les chansons et la littérature, et la réalité de leur participation à la guerre. Une des raisons de ce décalage est le sort qui leur est fait après la révolution. Les femmes sont largement effacées de l'histoire, en tant que combattantes. Un exemple : celui de Petra Herrera qui, déguisée en homme (et se faisant appeler Pedro) et très reconnue pour sa valeur militaire, perd toute considération lorsqu'elle se décide à révéler qu'elle est une femme. Elle fonde dès lors une brigade féminine qui participe avec succès à certaines batailles en soutien à la « brigade du Nord » de Villa, notamment lors de la victoire majeure de Torréon, en avril 1914. Mais Villa, qui a une conception très traditionnelle de la place de chacune, malgré son combat révolutionnaire, fait tout pour que leur rôle ne soit pas reconnu.

Le récit officiel de la révolution et les médias populaires ont ainsi passé sous silence le rôle des femmes. Quand celui-ci a été mis en avant, ce fut pour renforcer une assignation à des rôles traditionnels. Dans la réalité, nul doute qu'Adelita se soit emparée d'un fusil et n'ait pas attendu que son « sergent », aussi beau soit-il, revienne les pieds devant…

Une femme à la tête du Mexique

Signe des temps, le Mexique a élu, en 2024, une femme à la présidence. Si la situation des femmes demeure préoccupante dans le pays (féminicides et agressions sexuelles restent à des niveaux élevés), des progrès importants ont eu lieu depuis l'époque de la révolution. Les femmes ne sont plus seulement des artistes ou celles qui préparent les repas en tombant amoureuses de soldats. Claudia Sheinbaum, scientifique qui a été une très efficace maire de Mexico, a pris la succession du très populaire président de gauche Andrés Manuel López Obrador (Amlo). Même si le rappeur Sieck en dressait un portrait élogieux lors de la campagne, certains se sont empressés d'affirmer qu'elle ne détiendrait pas la réalité du pouvoir, Amlo continuant à tirer les ficelles dans l'ombre. Bien élue, Sheinbaum a très rapidement fait taire les critiques grâce à son énergie face à... Donald Trump.

La détermination avec laquelle elle a su faire face aux propos et aux politiques agressives de son nouveau voisin du Nord, ont augmenté sa popularité !

Pour aller plus loin

Michael C. Meyer and William H. Beezley (dir.), *The Oxford History of Mexico*, Oxford University Press, 2010.

Agustin Gurza, « The Mexican Corrido: Ballads of Adversity and Rebellion, Part 1: Defining the Genre », 2017.

Irhal

Le dégagisme a sa chanson !

Le Caire (2011)

Yasgot, yasgot Hosni Moubarak !
Irhal ! Irhal !

Nous sommes tous une main – et
nous avons une demande :
Dégage, dégage, dégage
Nous sommes tous une main et nous avons une demande :
Dégage, dégage, dégage
À bas, à bas Hosni Moubarak !
La foule : « À bas, à bas Hosni Moubarak !
À bas, à bas Hosni Moubarak ! » (4x)
Le peuple exige la chute du régime (4 x)
Il partira
Nous ne partirons pas (4x)
Nous sommes tous une main et nous avons une demande :
Dégage, dégage, dégage (3x)
À bas, à bas Hosni Moubarak !
La foule : « À bas, à bas Hosni Moubarak !

À bas, à bas Hosni Moubarak ! » (4x)
Le peuple exige la chute du régime (4x)
Il partira
Nous ne partirons pas (4x)
Nous sommes tous une main et nous avons une demande :
Dégage, dégage, dégage

PAROLES ET MUSIQUE DE RAMY ESSAM.

ON NE PEUT PAS VRAIMENT DIRE que le titre de cette chanson est empreint d'une grande poésie – « Dégage ». Il s'agit d'une sommation assez directe de prendre ses cliques et ses claques pour aller voir ailleurs, si l'herbe n'est pas plus verte ! C'est en fait le slogan scandé sur la célèbre place Tahrir, lors des révolutions arabes de 2011.

L'Égypte est l'un des pays au cœur du monde arabe. Géographiquement, il est le carrefour, la voie obligée entre le Maghreb et le Moyen-Orient, entre la Méditerranée et la mer Rouge. Son canal de Suez est aujourd'hui le passage obligé des routes maritimes majeures de la mondialisation. Historiquement, l'Égypte a brillé par sa civilisation antique et ses vestiges qui fascinent tant. Elle est la première en

Afrique à obtenir son indépendance, en 1922, puis à rompre définitivement avec la Couronne britannique, en 1953, lors de l'arrivée au pouvoir du colonel Nasser. Trois ans plus tard, ce dernier n'hésite pas à nationaliser le canal de Suez en écartant *manu militari* les Anglais et les Français de la région. À cette occasion, il devient l'une des figures du mouvement des non-alignés et le champion du panarabisme. À l'intérieur, le nouvel homme fort du pouvoir adopte des habitudes non démocratiques : parti unique, opposition muselée, culte de la personnalité et, bien sûr, propagande par le biais des arts et particulièrement de la chanson. Il est vrai que l'Égypte est depuis longtemps le centre névralgique de l'industrie musicale du monde arabe, souvent relayée par un cinéma qui met des films chantants au cœur de ses productions. Oum Kalthoum (1898-1975) est, à ce titre, tout un symbole : la star égyptienne de la chanson surnommée la « mère des peuples », mettant sa voix au service de la révolution nassériste en défendant l'identité égyptienne, tout en menant une carrière internationale.

À la mort de Nasser, c'est son vice-président, Anouar el-Sadate, qui poursuit l'œuvre du nationaliste, même s'il renverse la politique extérieure du pays, préférant s'allier aux États-Unis plutôt qu'à l'URSS. Les accords de Camp David (1978) marquent aussi un changement d'attitude vis-à-vis de son voisin israélien, l'Égypte reconnaissant l'année suivante, l'État juif. Les Frères musulmans ne pardonneront pas à Sadate ce rapprochement politique inédit et vont œuvrer pour organiser son assassinat lors d'un défilé militaire, en octobre 1981. Le vice-président Hosni Moubarak devient alors président de la République et chef du parti unique. Il poursuit la politique libérale de Sadate et perd rapidement l'appui populaire, notamment du monde paysan. Pour autant, il demeure le président réélu régulièrement à plus de 80 % lors d'élections truquées, où les communistes et les Frères musulmans sont réprimés sévèrement. Peu à peu, le régime de Moubarak prend le visage d'une dictature corrompue et intransigeante.

Dans *J'ai couru vers le Nil* d'Alaa el-Aswany, le romancier égyptien résume assez bien ce qui a pu se passer sur cette place du centre du Caire en ce début d'année 2011. «La place Tahrir était devenue une petite République indépendante – la première terre égyptienne libérée de la dictature.» En arabe, *Tahrir* signifie «libération»; cette imposante place circulaire est, en effet, devenue ce symbole de liberté qui demeure encore dans l'esprit des Égyptiens et de tous les démocrates du monde. L'onde de choc des révolutions arabes arrive en Égypte en janvier 2011; Moubarak au pouvoir depuis presque trente ans, est l'un des dictateurs qui est dans la ligne de mire des aspirations démocratiques de la jeunesse. La répression violente du pouvoir, dans un contexte de crise économique et sociale déjà ancien, ne peut qu'attiser les velléités d'une révolution et d'un dégagisme de la classe politique en place depuis si longtemps. Les manifestations tunisiennes débutées en décembre 2010, aboutissent au départ, le 14 janvier 2011, du vieux dictateur Ben Ali qui semblait, lui aussi, indéboulonnable. C'est le 25 janvier que l'Égypte s'embrase à son tour. Les démocrates descendent dans la rue, au Caire, mais aussi dans d'autres villes égyptiennes comme Suez, Alexandrie ou Assouan. Cet appel à manifester est suivi par une grande partie de la jeunesse qui converge vers la place Tahrir, malgré l'interdiction et la forte mobilisation des forces policières et militaires. Ramy Essam est un jeune étudiant en architecture à Mansourah, ville située à une centaine de kilomètres du Caire. Il n'est pas le seul à venir dans la capitale pour prendre part à ce mouvement avec, pour seule arme, sa guitare. Il occupe alors le «village» de tentes dressées au centre de la place, le cœur et l'âme de ce mouvement. C'est sans doute dans cette ambiance festive qu'il compose sa chanson «*Irhal*» en compilant les slogans entendus sur la place: «*Irha!*» («Dégage!») n'est n'est peut-être pas le texte le plus abouti, ni le plus poétique qui soit, mais il a le mérite de ne pas aller par quatre chemins dans le message. Le 28 janvier, accompagné d'une simple guitare acoustique, Ramy Essam chante son cri de mobilisation sur la scène dressée à la va-vite, place Tahrir. Presque instantanément, le titre, diffusé sur YouTube, devient viral. Le pouvoir vacille face à cette mobilisation inédite. Le peuple cesse d'avoir peur de la répression, généralement très violente. Aussi, Moubarak, comprenant la détermination de la population, remplace son Premier ministre le 29 janvier, puis promet une nouvelle Constitution. Mais ces concessions semblent bien tardives. Deux jours plus tard, Moubarak est encore tenté d'utiliser la manière forte, en envoyant ses hommes de main charger la foule à dos de dromadaire, tuant une dizaine de manifestants et en blessant des centaines. Ramy se souvient: «J'avais été frappé à la tête mais, pendant deux jours, j'ai continué à chanter. C'était amusant, car j'avais des bandages comme tous ceux qui m'écoutaient.»

La mobilisation des oppositions ne faiblit pas, au contraire. Le 11 février, le président se réfugie à Charm el-Cheikh pour démissionner finalement quelques heures plus tard. Ramy remonte sur la scène pour célébrer la victoire du mouvement révolutionnaire, adaptant pour l'occasion ses paroles, devenues obsolètes. Ici, la chanson engagée a rempli son office: elle a accompagné la foule, donné du courage, manifesté la détermination pour faire plier le dictateur. On est d'ailleurs toujours un peu surpris, a posteriori, de la fragilité des dictatures quand elles chutent alors qu'elles paraissaient si solides, enracinées dans un système brutal et répressif faisant reculer tout espoir d'avenir radieux, même pour les plus optimistes. Le «troubadour de la place Tahrir», comme on le surnomme, continue à composer en se faisant l'écho des événements ou des rumeurs. Dans son titre «Riez bien, c'est la révolution», il répond de manière ironique à la propagande des soutiens de Moubarak, qui accusent le mouvement d'être sous la houlette de l'étranger et plus particulièrement des Occidentaux: «On vous dit que nous mangeons des menus KFC? / Riez, c'est la révolution». Cette révolution est sans doute l'une des premières qui utilise autant les réseaux sociaux pour communiquer ou organiser les manifestations. Le régime l'avait si bien compris qu'il avait suspendu le réseau Internet entre le 28 janvier et le 2 février.

Le dictateur renversé, la foule de la place Tahrir demeure mobilisée. Le 9 mars, Ramy rejoint à nouveau les manifestants, mais l'armée intervient et cherche à faire évacuer le campement des manifestants. Comme tant d'autres, Ramy est arrêté comme fauteur de troubles; il est incarcéré au Musée national du Caire, transformé pour l'occasion en centre de détention. Battu et torturé à l'électricité, on doit l'hospitaliser deux semaines, mais il revient sur la place aux côtés des manifestants avec une nouvelle chanson. «Baisse la tête» critique l'armée qui n'a finalement pas perdu ses méthodes «traditionnelles» et brutales dans l'art de la répression. C'est aussi dans cette chanson que l'auteur évoque la corruption et le népotisme qui ont permis aux partisans de Moubarak de rester à la tête de l'État. Aussi, cette caste écarte tous ceux qui ne sont pas de ce sérail. «Baisse la tête, baisse-la, baisse-la, tu vis dans un pays démocratique!» ironise encore le chanteur courageux. Le Conseil suprême des forces armées (SCAF) est désormais au pouvoir; il est chargé de la transition démocratique. Mais les manifestants de la place Tahrir ont bien compris que cet élan de liberté ne remplace pas les vieilles habitudes de l'armée. Ramy Essam compose alors «Pain, liberté et justice sociale» qui pourraient être les valeurs et le programme des manifestants pour les élections législatives à venir. Il reprend alors sa chanson «*Irhal*» pour en transformer les paroles: «À bas, à bas le Scaf, état civil! [...] / La révolution jusqu'à la victoire».

Les élections législatives de 2011-2012 donnent une nette victoire aux islamistes, grâce au vote massif des ruraux, acquis majoritairement à la cause des Frères musulmans. En juin 2012, Mohamed Morsi est élu président contre son Premier ministre d'une courte victoire. Mais les manifestants de la place Tahrir rejettent les islamistes, de peur de voir s'imposer la charia à toute la société. La contestation reprend alors et, en juin 2013, l'armée installe à la présidence le ministre de la Défense Abdel Fattah al-Sissi. Il devient le nouveau raïs régnant avec les méthodes anciennes maintes fois appliquées: emprisonnement, torture et élimination des opposants. Il est bien sûr réélu dans un fauteuil en 2018 et en 2023 avec des scores de dictateur, avoisinants les 80-90 %.

Aussi, Ramy Essam doit quitter l'Égypte. Il est invité sur les plateaux de télévision en Tunisie, en Angleterre, où il débute une carrière de chanteur et s'installe finalement en Suède, sans pour autant rompre avec son engagement et son soutien aux partisans de la démocratie de la place Tahrir. En 2017, il signe une chanson avec PJ Harvey intitulée «*The Camp*» évoquant les conditions inhumaines réservées aux enfants dans les camps de réfugiés. L'année suivante, il publie «*Balaha*» (nom donné à un menteur compulsif dans un film à succès): une chanson qui prend clairement position contre le président Sissi, candidat à sa succession. La vidéo devient virale, cumulant des millions de vues en quelques jours. Ramy, établi en Europe, est accusé de diffusion de «fausses nouvelles» mais le parolier Galal El-Behairy et le réalisateur du clip Shady Habash, restés au pays, sont arrêtés et mis en prison. Ce dernier meurt d'ailleurs en détention à l'âge de vingt-quatre ans.

En 2020, presque dix ans après les Printemps arabes, Ramy n'oublie pas ses engagements qui ont fait basculer sa vie. Il continue à jouer de la musique et à écrire des chansons : « L'art est l'arme la plus puissante et pacifique contre la dictature. Que l'on soit en Égypte ou non, on peut toujours sortir une chanson et elle peut avoir un impact considérable. » C'est une évidence mais reconnaissons que ce moment de la place Tahrir a été une belle occasion manquée pour la liberté et la démocratie. La chanson engagée a encore de beaux jours devant elle !

De « *Irhal* » au *Hirak*, en attendant les libertés

Les chants de liberté ne sont hélas pas forcément un gage de liberté immédiate. En Égypte, « Irhal *» a échoué en partie, mais l'espoir demeure. Et d'autres pays arabes doivent faire face à des régimes tout aussi liberticides. En Algérie, l'armée détient le pouvoir depuis 1962 ; les grands libérateurs de l'Algérie se sont succédé imperturbablement depuis. En février 2019, le président Abdelaziz Bouteflika a l'intention de briguer un cinquième mandat consécutif, malgré son état de santé qui le contraint à* *ne plus bouger, ni même parler – ce qui est « empêchant » quand on occupe sa fonction. Un vaste mouvement (*Hirak *en arabe) mobilise des milliers d'Algériens qui descendent dans la rue des grandes villes du pays tous les vendredis afin de rejeter ce système politique corrompu. Puisque toute manifestation est interdite à Alger depuis 2001, les tribunes des stades de foot sont les lieux de la contestation, et donc des chants d'opposition. Parmi les chansons les plus mobilisatrices, «* La Casa del Mouradia *» composée en 2018 par un groupe de supporters, Ouled El Bahdja (« Les enfants de la radieuse »), parodie la série à succès,* La Casa de Papel. *En s'inspirant de cette histoire de braqueurs de banque, ils évoquent dans la chanson la résidence officielle du président, à El Mouradia, qui aurait été braquée par Bouteflika et ses sbires. L'attaque est frontale : on dénonce l'incurie d'un clan dont la seule motivation est de rester au pouvoir, coûte que coûte. Depuis, un nouveau président est aux manettes : même équipe, même corruption, même répression face aux opposants et aux écrivains « trop » libres.*

Pour aller plus loin

Bérengère Lavisse, « De Tunis à Dera'a, les chants du Printemps », mémoire de 4ᵉ année, SciencesPo Rennes, 2012.

Coline Houssais, *Musiques du monde arabe: Une anthologie en 100 artistes*, Le Mot et le Reste, 2024.

Barayé

Une graine de figuier, hommage !

Téhéran (2022)

Baraye taye kache raqsidan
Baraye tarsidan be vaqt-e basidan
Baraye khaharam khaharet khaharaman
Baraye taghyir-e maghz-ha ke pasidan
Baraye sharmandegi, Baraye bi-pali
Baraye hasrat-e yek zendegi-ye ma'mali
Baraye kadake zobalegard o arezahash

Pour toi, danser dans la rue
Pour avoir peur de l'instant d'un baiser
Pour ma sœur, ta sœur, nos sœurs
Pour changer les esprits qui se taisent
Pour la honte, pour le manque de fric
Pour le regret d'une vie ordinaire
Pour l'enfant aux rêves brisés
Pour cette économie imposée
Pour cet air pollué
Pour le Valiyeasr[1] et ses arbres fanés

Pour Pirouz[2] et sa possible disparition
Pour les chiens innocents interdits
Pour les larmes qui ne cessent de couler
Pour l'image répétée de ce moment
Pour le visage qui sourit
Pour les étudiants, pour l'avenir
Pour ce paradis imposé
Pour les élites emprisonnées
Pour les enfants afghans
Pour tous ces arguments différents
Pour tout cela, pour ces slogans vides
Pour les ruines des maisons opulentes
Pour se sentir en paix
Pour le Soleil après les nuits longues
Pour les crises d'angoisse et l'insomnie
Pour l'homme, la patrie, la prospérité
Pour la fille qui voulait être un garçon
Pour la femme, la vie, la liberté
Pour la liberté
Pour la liberté
Pour la liberté

1. *Valiyeasr : nom d'une rue de Téhéran.*
2. *Pirouz : nom d'un guépard iranien.*

Paroles et musique de Shervin Hajipour,
traduction de Mohammad Reza Dousti.

RAREMENT, UNE CHANSON DE LUTTE aura eu un succès international aussi immédiat. Le clip, visionné quarante millions de fois en seulement deux jours, a boosté sa diffusion, faisant de «*Barayé*» un tube mondial de résistance à l'oppression du régime iranien, qui a versé le sang de tant d'opposants et notamment de la jeune militante de vingt-deux ans, Mahsa Amini.

Les paroles ont été écrites en s'inspirant des messages et des revendications des manifestants iraniens collectés sur Twitter en septembre 2002. C'est une sorte de manifeste «pour» une société qui pourrait prendre une tout autre direction, à condition d'écarter définitivement du pouvoir iranien les islamistes et leurs tristement célèbres gardiens de la révolution.

Cette révolution islamique prend racine dans l'opposition au régime autocratique et pro-occidental de Mohammad Reza Pahlavi, le shah au pouvoir depuis 1941. En 1962, ce dernier initie la «révolution blanche»; c'est-à-dire la modernisation rapide du pays: d'abord par une réforme agraire, mais aussi l'accession des femmes au droit de vote ou encore la lutte contre l'analphabétisme. Ce train de mesures met le pays sur les rails de l'occidentalisation. Elles déplaisent au clergé chiite qui manifeste ostensiblement son opposition par la voix de son leader Rouhollah Moussavi Khomeini. Arrêté, il est ensuite libéré et exilé en Turquie, avant d'être accueilli en France, en 1978. On est alors quelques mois avant la révolution islamique. L'année 1978 est marquée par une multiplication des manifestations contre le shah. L'opposition, au départ très hétérogène, est progressivement pilotée par les islamistes. En décembre, plus de deux millions de manifestants sont dans la rue, le shah nomme un nouveau Premier ministre, Chapour Bakhtiar, avant de devoir quitter le pays sous la pression de la rue, en janvier 1979. De retour en Iran, Khomeini prend le pouvoir le 11 février 1979. Quelques semaines plus tard, la République islamiste est adoptée par un référendum organisé sans isoloir. Khomeini devient alors le guide de la révolution, guide suprême à la tête du pouvoir politique et religieux. Pour établir, cette « révolution » qui devient vite une dictature, il est épaulé des gardiens de la révolution une milice qui, aujourd'hui, constitue une armée d'environ 130 000 hommes sous l'autorité directe du guide suprême chargée du respect des préceptes de la révolution islamique. Elle est ainsi l'organe de la répression intérieure contre toutes les formes d'opposition.

La République islamique va multiplier les actes hostiles envers l'Occident, par exemple par la prise en otage de 52 personnes de l'ambassade américaine à Téhéran, entre novembre 1979 et janvier 1981, mener une guerre de huit années contre son voisin l'Irak, mais surtout, à partir des années 2000, le développement, en parallèle d'un programme nucléaire civil, de la capacité de produire des armes nucléaires. Ce projet provoque la réprobation de la communauté internationale et donc l'isolement diplomatique de l'Iran accompagné de sanctions économiques accentuant encore les difficultés socio-économiques du pays. Ce contexte entraîne à plusieurs reprises des manifestations de la jeunesse qui conteste aussi et surtout les mesures liberticides du régime : interdictions d'écouter de la musique en public, de danser, censure de la presse et enfin la question de la place de la femme dans l'espace public et de l'obligation qui lui est faite de se voiler. Certes, la parenthèse du président modéré Mohammad Khatami, entre 1997 et 2005, a fait passer au second plan les revendications de la jeunesse, mais l'élection du populiste et conservateur, Mahmoud Ahmadinejad a relancé les revendications, les luttes et la répression du régime.

Depuis 1999, les mouvements de révolte et de contestation sont ainsi récurrents et montrent la profonde défiance de la société iranienne envers ce régime théocratique. En juin 2009, le conservateur intransigeant Ahmadinejad est réélu président de la République islamique pour un second mandat, mais l'opposition dénonce une fraude électorale à grande échelle. Le « Mouvement vert » dont le slogan est « *Where is my vote?* », conteste cette élection. Les étudiants et les classes moyennes organisent dans tout le pays de vastes manifestations en s'aidant des réseaux sociaux. Les milices paramilitaires du pouvoir répriment toutes ces manifestations qui font près de 150 morts. La jeune étudiante Neda Agha-Soltan, tuée d'une balle en pleine poitrine, figure parmi les victimes. Sa mort relayée en direct déclenche de nouvelles manifestations. Cette violence attise les mobilisations, la jeunesse gronde, s'adapte et se cache des gardiens de la révolution pour surmonter cette hypocrisie religieuse.

Le 13 septembre 2022, Mahsa Amini, une jeune étudiante d'origine kurde, est arrêtée par la police des mœurs pour « port de vêtements inappropriés ». Trois jours plus tard, elle décède des violences infligées lors de sa détention. Les autorités tentent d'imposer une autre version des faits, évoquant un problème de santé ancien, mais l'opinion ne croit pas à ce mensonge; un vent de colère et de révolte souffle alors sur l'Iran. Les obsèques de la jeune étudiante assassinée ont lieu dans sa ville natale à Saqqez (province du Kurdistan) et sont l'objet de vastes rassemblements de soutien. La contestation s'étend alors à tout le pays. Dans ces manifestations, de nombreuses femmes retirent leur hijab par défi et scandent le slogan inspiré des féministes kurdes: «Femme, Vie, Liberté». Le courage des manifestantes, largement soutenues par de jeunes hommes, est relayé de manière virale sur les réseaux sociaux, ce qui incite le pouvoir à en limiter l'accès. Shervin Hajipour, âgé alors de vingt-cinq ans, est l'un d'entre eux; il compose «*Barayé*» dans ce contexte insurrectionnel. Sa carrière a débuté en 2019 dans une émission de concours de talents, «*Asr Jadid*» («Nouvelle ère») sur la télévision d'État. Mais tout bascule pour lui quand il décide de composer cette chanson de soutien aux manifestantes et manifestants, en septembre 2022. En quelques jours, il compile les centaines de tweets des manifestants persanophones avec le hashtag #Barayé pour écrire une chanson qui conteste cette République islamiste meurtrière et à bout de souffle.

La chanson fait un inventaire à la Prévert des engagements, des choses simples de la vie qui illustrent le mot «liberté» et qui ne sont plus vraiment à l'ordre du jour dans l'Iran de 2022. Elle rejette d'abord cet «apartheid sexuel» faisant des femmes des citoyennes de seconde zone, conteste au gouvernement son droit de s'immiscer dans la vie privée de chacun. Elle égraine aussi toutes les libertés bafouées, l'urgence écologique, l'urgence sociale et la critique de ce pouvoir théocratique. Le divorce entre le peuple et la République islamique est engagé depuis longtemps et semble avoir franchi une étape supplémentaire. «*Barayé*» mobilise ainsi toutes les composantes de cette société (étudiant·es, femmes, classes moyennes, ouvrièr·es) dans cette répression aveugle. « Femme, Vie, Liberté » est devenu le mot d'ordre et résume les espoirs du peuple iranien fatigué et désespéré.

Cette chanson est ainsi un instantané de la société qui a pu exprimer sa sidération et son exaspération d'abord sur les réseaux sociaux. Aussi, Shervin Hajipour en recueillant ces phrases lues sur Twitter, se fait l'écho d'une opposition contrainte au silence politique. Il est arrêté quelques jours après la diffusion de la chanson et sommé de la retirer de ses plateformes de médias sociaux. Mais il est trop tard : la chanson a fait le tour du monde et protège quelque peu son auteur, libéré sous caution trois semaines plus tard. Pour autant, ses ennuis avec la justice se poursuivent encore puisqu'en 2024, le chanteur est condamné à une peine de prison pour être finalement gracié en septembre de la même année.

« *Barayé* » est cette bouteille à la mer reçue par le reste du monde grâce aux réseaux sociaux. Aux Grammys de 2023, le chanteur est distingué par le prix spécial de la meilleure chanson pour le changement social (nouvelle catégorie !) et c'est la première dame des États-Unis, Jill Biden, qui le lui remet – mais à distance. Quant à la chanson, elle est reprise en solidarité par d'autres chanteurs. Le groupe britannique Coldplay par exemple l'interprète avec l'actrice franco-iranienne Golshifteh Farahani lors d'un concert à Buenos Aires dès octobre 2022. Un mois plus tard, 48 personnalités françaises du Collectif 50/50 (militant au sein de l'industrie cinématographique pour y promouvoir l'égalité femme-homme) interprètent en farsi la chanson, filmées par la dessinatrice franco-iranienne Marjane Satrapi. Au Canada, c'est un autre artiste de la diaspora iranienne, Shabnam Abidan qui réalise un film d'animation illustrant « *Barayé* ». Ce chant est devenu l'hymne du combat, une graine d'espoir contre un régime en sursis et dont les bourreaux auront, un jour ou l'autre, à répondre de leurs crimes. En attendant, d'autres femmes continuent de résister, comme cette étudiante doctorante en littérature française, Ahou Daryaei, qui a décidé en signe de contestation, de retirer ses vêtements devant l'université islamique Azad de Téhéran, à la suite d'un contrôle de police un peu trop tatillon.

Les Graines du figuier sauvage

Le cinéma iranien engagé est d'une grande et belle richesse ; parfois il devient la caisse de résonance des chansons de lutte. Ce film, tourné en partie dans la clandestinité par le réalisateur Mohammad Rasoulof, relate l'histoire d'une famille dont le père vient d'être nommé enquêteur au Tribunal révolutionnaire de Téhéran. Ses filles, étudiantes, sont les témoins de la répression violente du régime suite à l'assassinat de Mahsa Amini. Elles prennent progressivement parti pour le mouvement « Femme, Vie, Liberté ». Le film emprunte d'ailleurs des images de la répression envoyées par les manifestantes sur les réseaux sociaux. La famille se déchire alors car la mère ne tarde pas à soutenir ses filles contre le mari, défenseur aveugle et intransigeant du régime. Plus de 600 000 spectateurs français ont ainsi pu écouter « Barayé *» dans ce film de résistance et semer des graines de liberté.*

Pour aller plus loin

Yves Bomati et Houchangn Nahavandi, *Iran : Une histoire de 4 000 ans*, Perrin, 2019.

Chowra Makaremi, *Femme ! Vie ! Liberté ! : Échos d'un soulèvement révolutionnaire en Iran*, La Découverte, 2023.

Marjane Satrapi (dir.), *Femme, vie, liberté*, L'Iconoclaste, 2023.

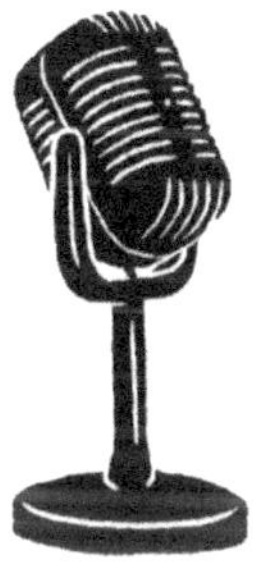

Table des matières

Ami, entends-tu ?

Antisocial, tu perds ton sang-froid

Ils ont gueulé si fort / Qu'ils peuvent gueuler encore

Je rêvais d'un autre monde

En flashant ce QR Code vous trouverez la playlist
des chansons du livre :